TRIP IN WORLD MUSEUMS

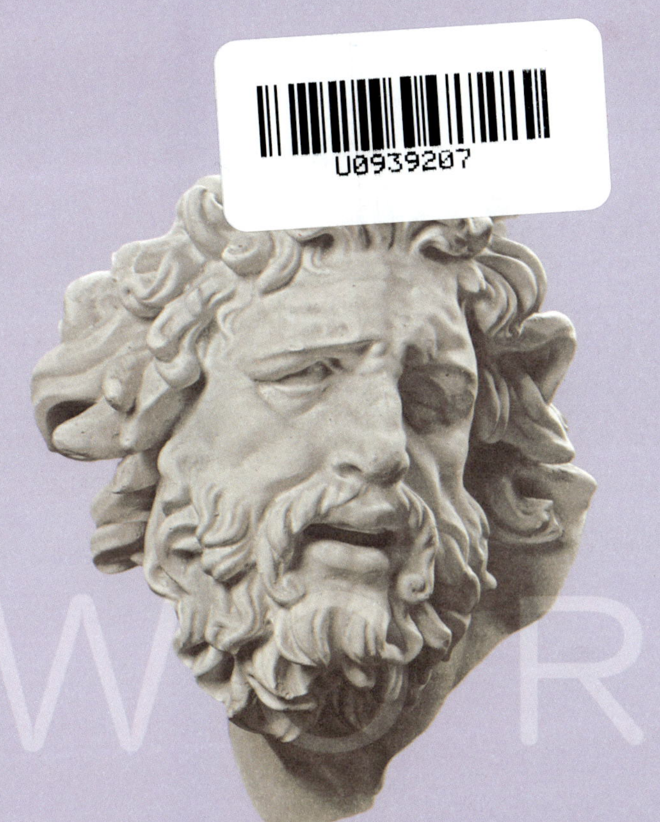

世界博物馆之旅

郭之文
主编

上海科学技术文献出版社
Shanghai Scientific and Technological Literature Press

图书在版编目（CIP）数据

世界博物馆之旅 / 郭之文主编．—上海：上海科学技术文献出版社，2020（2021.5重印）
（博物馆之旅）
ISBN 978-7-5439-8082-2

Ⅰ．①世… Ⅱ．①郭… Ⅲ．①博物馆—藏品—介绍—世界 Ⅳ．① G269.1

中国版本图书馆 CIP 数据核字 (2020) 第 046584 号

策划编辑：张 树
责任编辑：姜 曼
封面设计：留白文化

世界博物馆之旅
SHIJIE BOWUGUAN ZHILV
郭之文 主编
出版发行：上海科学技术文献出版社
地 址：上海市长乐路 746 号
邮政编码：200040
经 销：全国新华书店
印 刷：常熟市华顺印刷有限公司
开 本：720×1000 1/16
印 张：15.5
字 数：207 000
版 次：2020 年 6 月第 1 版 2021 年 5 月第 2 次印刷
书 号：ISBN 978-7-5439-8082-2
定 价：68.00 元
http://www.sstlp.com

目录 contents

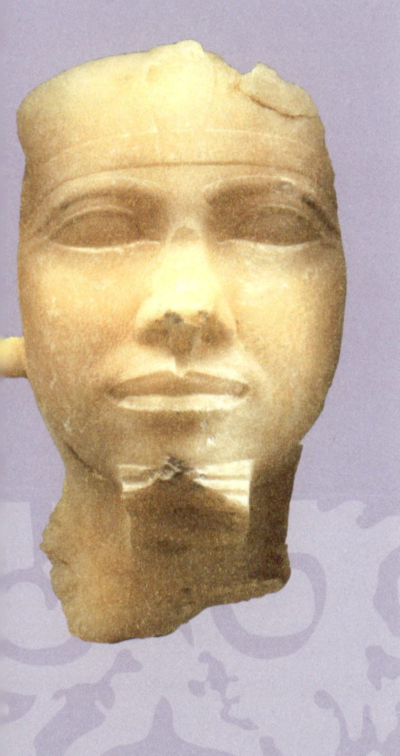

01

世界著名的五大博物馆

北京大学中文系教授李零先生和北京大学考古学系教授林梅村先生都是做考古学出身的，他们去过很多博物馆。比如李零先生，去过许多国外的博物馆，尤其是美国的博物馆，“欧洲的博物馆比美国的少，发达国家的比落后国家的多得多，比较遗憾的是比较落后国家的博物馆没去，国内也没跑遍，还有很多博物馆没去过呢”。

而林梅村先生参观博物馆的爱好跟他的职业很有关系，因为他在做中外文化交流这方面的考古，所以他要研究外国出土的中国文物，然后研究中国出土的外国文物，因此他就主要从博物馆参观获取各种各样的信息。

那么，在他们眼中，按照一般标准公认的，世界排名前5位的大博物馆是哪几个呢？

李零：“我看过一个材料，说这5个博物馆分别是法国的罗浮宫，英国的不列颠博物馆，也就是所谓的大英博物馆，还有俄国的埃米塔什博物馆，美国的大都会博物馆，最后是我们的北京故宫博物院。”

林梅村：“但是真正从文物和展品规模来看，前四大博物馆是大家公认的，因为它的收藏品都是世界性的，并不局限于某一个民族或者是某一个国家，但北京故宫博物院没有，它跟那几个博物馆的最大差别就是它收藏的基本上都是中国文物。”

那么除了这些，他们心目中还有没有很重要的博物馆呢？

李零：“当然那5个博物馆都是很重要的，但还有一些博物馆也很重要，可能也不亚于这5个博物馆。比如说我们北京吧，有一个中国国家博物馆，我觉得它的藏品丰富性和重要性一点也不亚于故宫；再比如说上海博物馆。国外也是同样情况，比如说五大博物馆中没有算进美国华盛顿的斯密松宁，它是美国国家博物馆的一个总称，现在翻译成史密森学院，它等于是一个国家博物馆群，规模也是相当大的，它的重要性我觉得并不逊于大都会博物馆，甚至要超过它。”

不过，一说到世界著名的博物馆，大家立刻就会想到的，还是巴黎的罗浮宫。

罗浮宫扫描

巴黎是一座善于保留记忆的城市。在以1845年建起的巴黎城墙为界的旧城内，人们感受到的是历史的厚重。这片被巴黎市政府划定的“中

《路易十四》

油画。高277.7厘米，宽194厘米，法国画家亚森特·里戈作。路易十四是法国封建君主制鼎盛时期的君王，他在这幅肖像中摆出不可一世的至高无上的架势，画家以极高明的写实造型技巧，细致地描绘了国王的相貌和风范

世纪城市博物馆”区域中，最引人瞩目的也许就是罗浮宫了。罗浮宫这座建筑本身就是一件伟大的艺术杰作，同时它曲折复杂的历史与巴黎以至法国的历史错综地交织在一起，成为了法国近千年历史最真切的见证。

1190年至1204年间，在十字军东征时期，法王菲利普二世为了加强防卫，在塞纳河边一座皇家大牢的原址上大兴土木，建造了一座哥特式的壮观城堡。这座固若金汤的城堡主要用于存放王室的档案和珍宝，同时也豢养他的狗和关押战俘。当时这座城堡就被称为罗浮。从13世纪到19世纪，法国的国王和皇帝都先后把罗浮宫作为自己的宫殿，每位君王都按照自己的品味对这座宫殿加以改造。

罗浮宫作为博物馆的历史已经超过200年。1981年，由美籍华裔建筑师贝聿铭设计的玻璃金字塔使罗浮宫前面的广场充满现代气息。

《法兰西斯一世的圣家族》

油画。高207厘米，宽140厘米，意大利画家拉斐尔·圣齐奥作。拉斐尔是意大利文艺复兴三杰之一

《引导民众的自由女神》

油画。高260厘米，宽325厘米，法国画家欧仁·德拉克洛瓦作。此画又名《1830年7月27日》，取材于1830年法国革命

帕特农神庙饰带浮雕《少女与长者》

帕特农神庙建于5世纪，是为雅典城邦守护神——雅典娜而建的祭殿，玉阶巨柱，画栋镂檐，遍饰浮雕，蔚为壮观

如今罗浮宫的收藏目录上记载的艺术品数量已达到40多万件，分为许多门类的品种，从古代埃及、希腊、埃特鲁里亚、罗马的艺术品到东方各国的艺术品；从中世纪到现代的雕塑作品，以及数量惊人的王室珍玩、绘画精品等。时至今日，罗浮宫已成为世界著名的艺术殿堂。

古埃及馆是罗浮宫最精彩的部分之一，它是由佛朗西斯·商博良创建的，正是商博良破译了埃及古文字，从而兴起了一门新学科——埃及学。罗浮宫的埃及馆面积达4120平方米，按照商博良于1827年建馆时的想法，将展品按主题进行了分类。罗浮宫的展品跨度从公元前4000年直到公元9世纪的基督教时代，包括了古埃及的各种文明，人们可以按主题，或按照时间的顺序参观这些稀世珍宝。

有一个美国教授，一天深夜接到了罗浮宫博物馆打来的电话，馆长说有急事相谈，让他赶快去。他连夜跑到了罗浮宫，一进门就发现馆长已经被谋杀了，然后那里迅速地被警察包围，这位美国教授被当成谋杀罗浮宫馆长的嫌疑犯，于是他就在一个法国女士的帮助之下，开始想方设法逃出罗浮宫，去追查真凶。

这个故事出自一本畅销书《达·芬奇密码》。罗浮宫这么一个博物馆，它本身已经成了文学艺术创作的母题了，多少人想象中的故事就在这个地方展开了，所以我们会从电影，会从各种各样的地方去了解它。李零和林梅村两位自然都去过罗浮宫，他们的印象又有些什么呢？

李零："大概20世纪90年代末吧，我去了好几次罗浮宫，去之前的早上还要翻翻我的小日记本，看看已经看过哪些，今天又要去看些什么。"

确实，罗浮宫给人的第一印象也是最深的印象，就是大。罗浮宫之大让人震惊，一般情况下，人们以为拿出一天去逛一个博物馆已经很奢侈了，但是对罗浮宫，可能一个星期都不够，逛馆时几乎是在急行军，从一个馆冲进另一个馆，你可以看见无数的绘画和雕塑，基本上没有时间来得及仔细看看，就又跑出去看另一些。

林梅村："有的人感觉自己已经很有学问了，实际上一进了博物馆就知道，你很渺小。这个世界上知识如此之多，你所了解的只是一个文明，或者一个很片面的东西。有时候看这种类型的大博物馆，就会有这样的体会。"

《米洛的维纳斯》

高204厘米，罗浮宫镇馆之宝。维纳斯是罗马神话中的爱与美神。此雕像从被发现的第一天起，就被公认为是迄今为止希腊女性雕像中最美的一尊

人们都说罗浮宫有3件镇馆之宝，一件是《蒙娜丽莎》，一件是《米洛的维纳斯》，一件是《萨莫色雷斯的胜利女神》。去参观的人一般都是冲着这3个女人去的，那么李零和林梅村去参观的时候，也是按指南先找这3位女士吗？

李零："我不是这么看，我呢，有时也和大家一样，很多小馆'噌'一下子就过去了，有的就是摇头晃脑的，稍微快一点也过去了，但是这3个呢，我没专门去找她们，我在顺便经过的时候，发现维纳斯那个展馆的人太多，到了《蒙娜丽莎》那儿人更多，一群导游正在摇着小旗说什么'漂亮得不得了'，我也就是在那儿意思意思，远远地看看就算了，但是我留下印象比较深的是那个《胜利女神》。其实那个胜利女神，虽然过去在图录里面看到过好多次，我一直没有注意到她底下有条船。她产生的背景是公元前1918年，一次大战胜利的时候，她是一个象征物，而且它让我产生了一个联想，联想到《泰坦尼克号》里面那个女主角，站在那艘船上。"

也许，电影的创作者也是由此得来的灵感，让美丽的女主人公和胜利

《萨莫色雷斯的胜利女神》

大理石雕像，高328厘米，约创作于公元前200年，现收藏于法国罗浮宫。这尊雕像于1863年发现于爱琴海北部的萨莫色雷斯岛，最早只是碎块，后经多年修复才得以重新站立起来，但仍然缺头少臂

女神一样，展开双翅。

确实，在罗浮宫里，《蒙娜丽莎》那个厅总是特别拥挤，很多人围在那儿，他们中的相当一部分，大老远地就直奔她而来。在那个厅里，单单这幅画就跟别的画的展出方式不一样：别的画都是挂在墙上，那幅画则藏在墙里，墙挖得很深，画嵌进墙里，外面有好多层玻璃。我们也屡有听说大博物馆珍藏被盗，《蒙娜丽莎》在历史上就曾经被人盗走过一次。

蒙娜丽莎失而复得

1911年8月21日上午，罗浮宫悬挂世界著名绘画作品的方厅里，正在值勤的卫兵突然发现，一向冲他神秘微笑的《蒙娜丽莎》从墙上消失了！

16世纪意大利画家达·芬奇整整花了4年时光，完成了世界艺术史上这幅著名的《蒙娜丽莎》画作。最终，这幅珍贵的作品被法国国王弗朗索瓦一世获得。在这之前的200年里，它一直被珍藏在罗浮宫内。

巴黎警察局长、检察官路易斯·莱攀亲自勘查现场后推测，窃贼前一

《蒙娜丽莎》

油画。高77厘米，宽53厘米，意大利画家莱奥纳多·达·芬奇作。《蒙娜丽莎》是达·芬奇从1503年开始动笔描绘的一幅肖像作品。这幅画最初在枫丹白露展出，后来移到凡尔赛宫，最后一站就是保存至今的罗浮宫

天晚上装扮成参观者进入博物馆。第二天星期一，罗浮宫对外闭馆，没有观众，窃贼趁着方厅的卫兵出去吸烟的工夫，从墙上摘下了《蒙娜丽莎》。

也许偷窃《蒙娜丽莎》的人是痴迷于她的微笑，被她的美丽所诱惑，才犯下了带有情感色彩的罪行。1913年12月10日，一个年轻人来到佛罗伦萨拜访一名古董商人，他自称是意大利爱国者，把《蒙娜丽莎》从法国巴黎带回到了它的出生地。他打开了一个装着各种物品的箱子，然后拿出一幅用红布包着的画幅，出人意料的是，眼前真的出现了天使的形象，而且被保存得完好无损。

接下来的两个月里，《蒙娜丽莎》在自己的家乡巡回展出，6万多名意大利人在罗马、米兰，在其他城市争先一睹那迷人的微笑。然后，《蒙娜丽莎》在严密的护送下，回到了罗浮宫。

接下来要向大家介绍的则是同样声名远驰的大英博物馆，那么，大家是否知道，大英博物馆的门票是多少钱呢？

林梅村："恰恰不知道，因为我们是去工作。我到大英博物馆的目的是要调查斯坦因，他是20世纪初一位英国的考古学家。他一共来过4次新疆，在塔克拉玛干沙漠的古城里面，在楼兰，还有甘肃的敦煌，他发现了数以万计的文物，最后大部分落入了大英博物馆。我去那儿是要调查这些文物的现状，还要了解它的收藏情况。因为有这种工作关系，就等于是他们招待我们，也不需要什么门票，就把我们带进去了。"

李零："好像就不记得买过什么门票。据我所知，很多国家博物馆都是不收门票的，比如我之前说的斯密松宁肯定是不收的。罗浮宫原来也是不收的，后来才开始收门票。因为他们总统说，要提高国民的主人翁意识，号召大家都买门票。只有两种人可以不收，一种是教授，比如我是高等实验学院的客座教授，所以只要有一个证明，我可以免票；还有一种是那些低保人员，就是需要救济的那些人是可以不买门票的。"

其实，刚才提出的那个问题是一个圈套：大英博物馆不需要门票。

大英博物馆

位于伦敦鲁塞尔大街的大英博物馆，其辉煌的历史一直可以追溯到300年前英国乔治二世国王的医生——汉斯·斯隆爵士。斯隆爵士酷爱古玩，去世前，他将自己毕生搜集的7.1万件藏品以2万英镑卖给国家。在他逝世6年后，也就是1759年，大英博物馆在蒙塔古大楼正式开放。

今天的大英博物馆囊括近700万件珍贵藏品，总价值不低于一个中等国家的全部国民财富。从18世纪开始，英国的考古学家们跟随英帝国殖民者的军队，四处搜寻甚至强力掠夺世界各地重要的人类文化历史遗迹，大英博物馆馆藏品的数量和质量就此获得了极大的飞跃。现在它的100多个展室总在不停地变换展览内容，偶尔一去的参观者能看到的，不过是九牛一毛而已。

大英博物馆也是欧洲收藏中国文物最丰富的博物馆，总数多达2.3万余件，代表性文物有汉代玉雕驭龙、东晋顾恺之《女史箴图》的南朝摹本、敦煌绢画和文书等。《女史箴图》内容是古代妇女应守的清规戒律。人物线条圆转，后人称之为"春蚕吐丝"，是我国古代卷轴画中的上乘之作，1860年和其他2万多件稀世珍品一起被英法联军从圆明园抢走，最后落户大英博物馆。

现在越来越多的人在节假日选择出国旅游，去看博物馆。但是很可能只能用一天的时间去看一个博物馆，有什么比较好的方式能选定自己该看的东西呢？如果到大英博物馆，我们应该怎么看？

李零："肯定得因人而异。像大英博物馆，我当时主要的兴趣是那个亚述厅里的东西。亚述厅放置有关战争的壁画，我当时主要就是一件一件地看雕刻出的那些战争场面。西方有一些学者曾经管亚述叫作第一帝国主义，就是历史上最穷兵黩武和残忍扩张的大帝国，那个时候就是亚述帝国，即现在的伊拉克，当时帝国的宫殿则是在摩苏尔。除了看壁画浮雕，还看那些实物，就是那些战争场面上用到的武器。比如说他们用投石器攻城，投出的那些石弹就有网球这般大。他们攻城时的那些台阶是用土堆起来的，人可以贴着墙往上爬，台阶样子就和北京佛香阁上面的台阶一模一样，如今全都被发掘出来了。有一部电影叫《亚历山大》，那部电影里面展示的巴比伦塔的背景就是摄制组模拟做成的。最初，当欧洲的考古学家、探险学家到伊拉克考古的时候，他们根本就不能相信，这个曾经是《圣经》和古典作家笔下辉煌的城市，现在居然如此破败。城市很脏，爬虫、野兽出没，盗贼横行，令人难以想象。所以我在看那些石刻的时候，真是非常感慨。”

林梅村：“就拿四大文明来说吧，如果先了解过一些情况，你就会知道，恐怕只有在大英博物馆才能看到四大文明最全的，也是最好的展品，比如埃及馆、两河流域馆等。实在没有时间的游客，那就只能走马观花了。我印象中第一次去大英博物馆也是累得不行，因为光木乃伊那个馆，半天能看完就不错了，而且里面有很多有名的东西，比如罗塞塔石碑，它有一个三语碑铭，就是碑上有三种文字，一种是埃及的象形文字，还有一种是象形文字的草体，再有一种是希腊文。当初这个碑是被法国的远征军，即拿破仑手下的一个将军发现，从而掠为己有的。但是后来，因为那支远征军输给英国人了，罗塞塔石碑就被弄到英国了。但是最后真正能解读这个碑的，还是法国人，那就是商博良，商博良把这个碑解读出来了。大家之前都不明白，为什么埃及会有希腊文？这是因为亚历山大东征以后，在整个东方形成了一个所谓希腊化王国，两河流域伊拉克的地方，叫赛流古王朝，而在埃及的地方则叫托罗密王朝。美国拍过一部电影《埃及艳后》，她其实是希腊人，等于是托罗密王朝的最后一位皇后。所以，世界文明史上发生过的很多重大事件，在大英博物馆都能亲自感受到。”

在现实生活中已经看不到的那些历史，我们可以在博物馆里面看到，看得清清楚楚。

很多人都认为，大英博物馆是唯一一个专设中国部的博物馆，这种看法是否正确呢？

李零：“它不设中国部，绝大多数国外的博物馆都不会设什么中国部，

彩绘木棺

这具彩绘棺材是为霍拉维希普(一个祭司)而做的。棺材做成霍拉维希普的形象，上面的彩绘以红褐色来表现他的面部和双手

《戴安娜与丘比特》

油画。高124.5厘米，宽172.7厘米，意大利画家巴东尼作

因为它是一种国际性的博物馆，所以它基本是把中国的文物放在东方或远东部，或者放在亚洲、东亚部。”

在大英博物馆里，收藏得最好的中国文物又是什么呢？

林梅村：“那就太多了，尤其是当年敦煌王道士卖出去的那批东西。他曾把敦煌宝物、文书，还有绢画等卖给法国的伯希和，卖给斯坦因，还卖了一些给俄国人。其中有一件文书甚至被‘五马分尸’，一片在英国，一片在俄国。因为古董商为了多卖钱，就把文书撕开，等于一件可以卖两件的钱。所以我们现在要研究起来很麻烦，要研究一件文书实际上也要了解其他博物馆收藏的东西。”

接下来要向大家介绍的则是大都会博物馆，它收取门票的方式很有意思：如果游客愿意给钱，它可以给出一个参考价，按这个价付钱；如果觉得有困难，可以免费参观。这真是一种挺文明、对人给予充分尊重的收门票的方式。

林梅村："我记得有一年大都会博物馆举办有关中国的展览，它的门票很有意思，有各种颜色，每天都会换一种颜色。所以你在买了门票以后，可以把门票别在衣服上，这样就可以反复出入，比如出来喝水什么的，还可以戴着这个再进去。"

李零："他们也有另一种收钱方式，像我们寺院那样摆一个盆子，让人们自愿往里搁钱。"

两位专家对大都会博物馆，又有什么样的感觉和印象呢？

林梅村："大都会博物馆收藏的中国文物也很多，它专门有一个亚洲部，是把中国、印度的东西放了进去。有一年年底，它办了一个展览，出了一本图录，在题目中把中国称为'黄金时代的黎明'。很难想象为了筹备这个展览，它准备了7年，还请教了很多专家来写那些目录。就是说，通过这个展览，得到的不是一些很零碎的知识，它会给你比较完整的知识框架。"

一般而言，这种世界著名的博物馆在举办一个展览前，会去完全不同

《加丹景色》

油画。高80厘米，宽64.1厘米，法国画家塞尚作。塞尚是后期印象画派的代表人物，毕生追求表现形式，对运用色彩、造型有新的创造，被称为"现代绘画之父"

《向日葵》

油画。高43.2厘米，宽61厘米，荷兰画家凡·高作。凡·高是后期印象画派代表人物。他一生画了十多幅向日葵，每幅都有独特的韵味

的国家，把搜集来的东西完整组织到馆里来展出。

林梅村："刚才咱们说的四大博物馆里面，最财大气粗的就是美国大都会博物馆，所以它也花得起这个钱。对它来说，门票都是象征性的，实际上门票收入完全不能够购买文物，比如大都会博物馆里的一个亚洲部就价值2 000万美金，还在不断购买东西，扩展它的藏品。"

说到财大气粗，美国确实很有钱。那么这样级别的博物馆，是否都是国家掏钱在养呢？

林梅村："私人的。大都会是私立博物馆，实际上有很多私人基金会在支持博物馆事业。因为美国的政策这样制定的，如果人们把钱捐给慈善机构，或者捐给博物馆，是可以不交税的，这样就可以促成一些私人捐款。"

李零："博物馆都要靠私人支持。"

原来国外的博物馆，一般都是靠私人的基金会或民间的资金支持。

林梅村："典型的例子就是大都会博物馆，当然它也会给这些捐献者一些荣誉，比如罗马馆，可能是哪位爵士或者哪位太太捐的，就用他们的名字来命名其中一个展厅。"

李零："这个大都会博物馆有一个角，这个角就叫赛克勒角，因为大量的埃及文物是赛克勒医生的。他是美国一个很大的收藏家，他活着的时候，就把收藏来的中国文物放在大都会博物馆，寄存在那里。他死以前在做最后处理时，把埃及文物留在纽约，中国文物则放在了华盛顿。所以提到大都会博物馆就会想到赛克勒医生。虽然大都会博物馆的藏品也非常

《疏林空谷图》

水墨画。高95.3厘米，宽35.9厘米，中国元代画家倪瓒作。倪瓒善画山水，构图多取平远之景，善画枯木平远、竹石茅舍，用笔善用侧锋，多画折带皴，所谓"有意无意，若淡若疏"，形成荒疏萧条一派，以淡泊取胜

丰富，有大量的绘画什么的，但我其实都是走马观花，根本没好好看。只有埃及那个部分比较关心一点，它在里面盖有一个神殿，是把埃及的神殿拆了，盖在那里的，那是很精彩的。另外就是中国的部分。”

这座埃及神庙，相信看过的人都会特别震惊，因为基本上是把一座庙搬到那里去了。

林梅村：“是修阿斯旺水坝的时候，整个卖给美国的，因为美国有钱啊。”

除了整座的埃及神庙，还能在那儿看到整座的中国园林，不过中国的园林不是从中国拆走的，是在那儿模拟建造的。

大都会博物馆

纽约，是一座充满了五光十色的诱惑与梦想的城市，这里有直入云霄的摩天大楼，川流不息的车流和行色匆匆的人群，纽约的每一天都在上演着形形色色的人生故事。对于很多人来说，这座城市的中心是位于曼哈顿岛上的华尔街，这里聚集着世界上的大部分财富，但是就在离华尔街不远的第五大道附近，有一段闻名遐迩的博物馆街，如果拿它和华尔街相比，那里的财富恐怕更难于计算，而这其中最著名的就是成立于1870年的纽约大都会博物馆。

大都会博物馆号称是西半球最大的博物馆，它占地8公顷，馆中收藏了300多万件珍贵文物和艺术品，内容涵盖了世界各国的文化、艺术、科学和宗教。在这里，你可以看到完整的公元前15年的埃及神殿，它的总重量为800吨，据说拆的时候为了确保原貌，给每块砖都打了标号。

博物馆内还收藏了大量来自中国的文物和艺术品，特别是一些佛像和壁画，游客在馆内还可以欣赏到一些珍贵的中国古代绘画，比如唐代韩幹的《照夜白图》。

再接下来，自然就是埃米塔什博物馆了，其实它是在冬宫建立的，跟

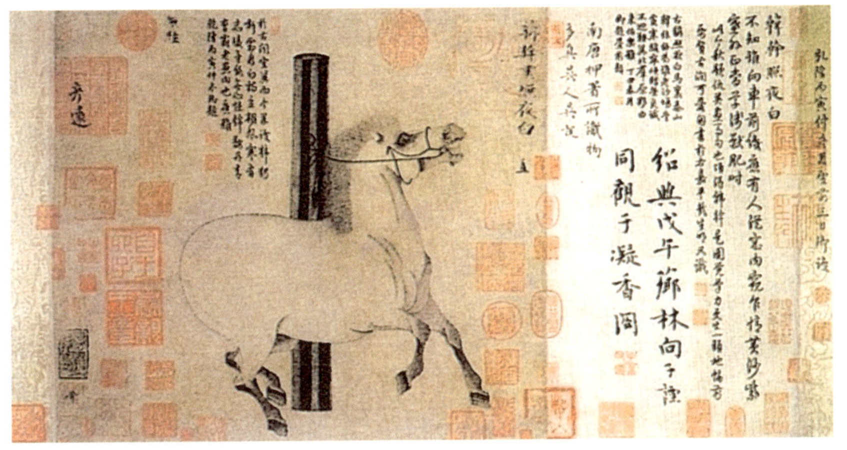

《照夜白图》

水墨画。高30.8厘米，宽34厘米，中国唐代画家韩幹作。“照夜白”是唐玄宗李隆基特别喜爱的坐骑。从它的名称就可以知道，这是一匹浑身雪白的骏马。画面构图比较简单，一匹马和一根木桩，但是画幅却非常有气势

北京故宫博物院比较，就是直接把皇宫辟为博物馆。

林梅村：“想要知道这个博物馆，可以去看一部电影《列宁在1918》，讲述进攻冬宫的故事，埃米塔什的俄语意思就是冬宫，所以要是准确地翻译，应该是冬宫博物馆。”

很多博物馆，在我们没有机会去亲眼观看的时候，可以从别的艺术形式里面发现它。

埃米塔什博物馆

1917年11月7日，伴随着巡洋舰“阿芙乐尔”的炮声，布尔什维克向临时政府所在的冬宫发起了进攻，这就是我们都很熟悉的俄国十月革命。这场革命不但改变了俄国的历史，也改写了冬宫的命运。这座从彼得大帝时代开始修建的俄国皇宫，象征沙皇的威严与权力，同时也收藏了无数珍宝和艺术品。1922年，苏维埃政府在冬宫成立了博物馆，正式对公众开放。

2002年，俄罗斯导演科索诺夫的影片《俄罗斯方舟》就是以埃米塔什

博物馆为背景拍摄的，主人公和一位19世纪的法国外交官莫名其妙地来到了时空错乱的冬宫，在这里，他们目睹了从17世纪到20世纪冬宫内上演的一幕幕历史事件，也饱览了冬宫内收藏的各种珍宝和艺术品，这些令人惊叹的馆藏珍品与一个女人的名字紧密相连，她就是俄国历史上著名的女皇——叶卡捷琳娜二世。

叶卡捷琳娜二世原本是普鲁士人，年轻时远嫁俄国，在历史上，她被人们称为暴君，同时也被看作是一位伟大的启蒙者。她对于欧洲的绘画和雕塑艺术品极为喜爱，千方百计地收藏这些无价之宝，1764年，叶卡捷琳娜二世将搜集来的荷兰画家伦勃朗等人的250幅绘画作品存放在冬宫内的埃米塔什厅，并命名其为“奇珍楼”，这也是埃米塔什博物馆辉煌绚烂的开始。

《利达圣母》

达·芬奇15世纪90年代的作品。画上的圣母充满母爱，纯真、圣洁，神态安详恬静；圣子津津有味地吸着乳汁，形象生动

《持花圣母》

达·芬奇1478年的作品。达·芬奇（1452—1519），意大利文艺复兴时期最负盛名的美术家、雕塑家、建筑家、工程师、科学家、文艺理论家、大哲学家、诗人、音乐家和发明家

走进埃米塔什，很多人都会感到眼花缭乱，这是因为馆内不仅收藏了大量的艺术珍品，而且埃米塔什本身就是一座辉煌的艺术品。著名的孔雀石厅，里面的立柱、壁炉的装饰都是由孔雀石制成，整座大厅用了整整2吨的乌拉尔孔雀石。在1812军事厅，人们首先看到的是叶卡捷琳娜二世的孙子沙皇亚历山大一世的画像，还有俄国著名的军事统帅库图佐夫

《山脚下》

高更（法国）1892年的作品。高更是后期印象画派的代表人物，他把绘画的本质看作是某种独立于自然之外的东西，是记忆中经验的一种“综合”，把色彩和线条当作抽象表现的形式

《赫尔特村工厂》

毕加索1909年的作品。毕加索（1881—1973）出生在西班牙马加拉，是当代西方最有创造性和影响最深远的艺术家，据统计，他的作品总计近3.7万件，包括：油画1 885幅，素描7 089幅，版画2万幅，平版画6 121幅

《蜷缩的小男孩》

米开朗琪罗的雕塑作品。米开朗琪罗（1475—1564），意大利文艺复兴时期伟大的绘画家、雕塑家和建筑师，文艺复兴时期雕塑艺术最高峰的代表

孔雀石客厅及内部

孔雀石客厅是历史主义艺术风格的出色杰作。厅内的廊柱、暖炉、花瓶大量采用乌拉尔地区的名贵孔雀石装饰

的画像，正是他指挥着俄国军队打败了拿破仑的大军，60万侵略者最后只有2万人回到了法国。装饰精雅的小餐厅则是末代沙皇尼古拉二世和他的家人私人用餐的场所，这里还见证了历史变迁的重要一刻。1917年11月7日，当起义者们冲进冬宫时，临时政府的大臣们在这间小餐厅里全部被俘。

在埃米塔什博物馆里面展出了很多中国的黑水城出土的东西，也就是西夏的文物。

林梅村："是俄国探险家、军人科兹洛夫从中国带回的，他的地位还没到将军那么高，可能就是俄国参谋总部底下，有一点儿半间谍性质……"

李零："好像是个上校之类的。"

林梅村："他带走的那些东西当地人也早就知道，但是当地人不敢去动，实际上他发现的那些文书什么的，主要是在一个黑水城外面的塔里发现。说到这里，应该强调一下，目前大家都在讨论黑水城文化，但都不太明白它的价值，事实上中国的整个文化传统大概有4个比较重大的发现，有安阳甲骨，有西域的汉简，有敦煌的藏经洞，还有一个就应该算黑水城了，而且它们都有时代标志。比如西域的这些汉简，包括楼兰的文书，基本相当于汉代到魏晋这个时期的；敦煌是从魏晋到唐代；黑水城代表宋

《叶卡捷琳娜二世肖像》

(1729—1796)俄国女皇。原为德意志一公爵之女，1745年嫁给俄皇彼得三世。1762年登上皇位。她对外两次同土耳其作战，三次参加瓜分波兰，把克里木汗国并入俄国，打通黑海出海口，建立了庞大的俄罗斯帝国

到元代这个时期，所以要想了解中国历史上从宋到元这段时间，就要看黑水城文物。当然西夏文书只是其中一部分，之前大家一说黑水城就认为只有西夏文书，其实西夏王国本身用的文书还有大批的汉文文书。如果想了解那些宋文文书，比如说刘知远的《诸宫调》，就一定要看黑水城文物。”

李零：“在黑水城出土的文物里，还有西夏文的《孙子兵法》，我也研究《孙子兵法》。”

林梅村：“成吉思汗一世英雄，所以大家都认为成吉思汗时期特别辉煌，几乎征服了整个西亚，包括蒙古草原等，但是要知道，成吉思汗连一个西夏的王国都打不过，打西夏的时候死在了六盘山。”

那么西夏到底是怎样一个民族，又有怎样的文明呢？

林梅村：“我去过黑水城，它的中心位置也就是西夏的首都，是在如今银川的附近，现在那里还有一些陵墓。西夏王姓李，实际上属于羌族。西

战争画廊中的《亚历山大一世像》

亚历山大一世，俄国历史上最著名的沙皇之一。他之所以有名，不仅因为他曾经三次打败野心勃勃的拿破仑，而且还因为在他的人生经历充满了神秘和离奇

中国文物

《藏密明妃》 明妃是佛母的另一个名称，"明"表示智能，"妃"即女人，有生育子女、传播人种之功能。以它比喻智慧，能破一切烦恼，增长一切功德

《黑水城西夏双头佛》 西夏王国的绝世孤品。双头佛像的泥塑作品，目前所知的只有黑水城出土的这一件，所以异常珍贵

夏的文化主要是佛教文化，这跟那个时代有关的，包括宋代当时也是佛教文化，而且它在很大程度上，是受西藏藏传佛教的影响，所以我们现在想了解最早的唐卡，西藏没有，最早的唐卡是在黑水城，现在也在埃米塔什博物馆。"

黑水城遗址在内蒙古自治区额济纳旗，"额济纳"即西夏语"黑水"的意思。传说西夏时一位黑将军在这里英勇守城，并于城破前在城市的一处水井里埋藏了大量金银珠宝。掘获珍宝的愿望使无数探险者对此地产生了浓厚兴趣，但是时光流逝，没有人发现宝藏的秘密。

1908年，俄国探险家科兹洛夫受沙皇指派，率队来中国北部考察，其主要目标就是黑水城。考察队在那里翻找挖掘，终于他们在黑水城外发现了一些佛塔，打开佛塔之后，呈现在眼前的是数千卷佛经、雕像和绘画，这些文书的发现改变了中国古籍分布的格局，也为我们能够进一步研究宋元时期的历史提供了无比珍贵的第一手资料。这些意外发现的珍宝被运到圣彼得堡，现分藏于俄罗斯科学院东方学研究所圣彼得堡分所和埃米塔什博物馆。在那里，人们可以看到目前为止发现的世界上最早的雕版印刷原物。

最后要介绍的自然是我们中国最大的博物馆——北京故宫博物院，也是世界上很著名的一个博物院。自然，两位专家都挺熟悉北京故宫的，还不止去过一次。

李零："最近一次去故宫是在去年吧。庄士敦写过一本书叫《紫禁城的黄昏》，我从小就向往故宫，包括我们老家的人来北京，都会去看故宫。其实逛故宫主要不是看文物，我想，到今天，恐怕很多人也不是把故宫当博物馆去看，大家主要是去看看皇上住过的地方。"

林梅村："我从小就开始看故宫，很小，大约幼儿园时代就被带到故宫来看那些皇帝的大沙发什么的，留下了很深的印象。"

北京故宫博物院

1924年11月5日，冯玉祥将军命令北京警卫司令率部进宫，驱赶溥仪。下午4时10分，溥仪及其后妃亲属从神武门离开故宫。

第二年的10月10日，故宫博物院宣告成立。开放当天，故宫博物院的参观门票是1块大洋，那时民间有俗语"四个大洋一头牛"，尽管这样，那一天北平市内万人空巷，人们争先一睹这座神秘的皇宫及其宝藏。

1931年，"九一八"事变爆发。为了确保万无一失，故宫博物院决定将文物南迁。在确定的南迁文物中图书档案类5 188箱，其中包括《四库全书》、清室密档、重要的国书，以及皇帝的《起居录》等重要文物；书画类128箱，8 852件；青铜器50箱；瓷器数量最大，共有1 746箱，27 870件；同时还有大量精美绝伦的工艺品，这些都是故宫博物院的院藏珍品。

1933天2月5日晚上，故宫文物开始起运，6月2日首批南迁文物离

太和殿内景

太和殿俗称“金銮殿”，位于紫禁城南北主轴线的显要位置，明永乐十八年(1420年)建成，称奉天殿。明嘉靖四十一年(1562年)改称皇极殿。清顺治二年(1645年)改今名，今天所见为清代康熙三十四年(1695年)重建后的形制

太和殿前的嘉量

太和殿前象征江山永固的陈设之一。嘉量是古代的容量计器。主体较大的量器中间有一隔，上部为斛，下部为斗；两旁有两小耳，其中一耳为升，另一耳上部为合，下部为龠

太和殿前的日晷

太和殿前象征江山永固的陈设之一。中国古代的计时器。石座上斜放着一个石圆盘，盘上刻有时刻，中间置一根铜针与盘面垂直，利用阳光映出的铜针阴影位置来计算当时的时刻

开北平，故宫国宝从此踏上了万里漂泊之路。在抗日战争的硝烟炮火中，整个文物南迁分行三路，历时将近10年，行程万余里。

南京朝天宫的宫墙外有一座三层楼的建筑，那就是当年故宫博物院建造的南京库房，故宫文物运到南京后就存放在那里。那里现在仍然存放着2 000多箱南迁文物。

1949年1月，国民党政府将存于南京的故宫文物精选出2 972箱运往中国台湾。

1965年，台北故宫博物院在台北成立，它的馆藏绝大多数来源于故宫的南迁文物。从数量上讲，最终运到台湾的文物虽然只占整个南迁文物的1/4，但这部分是北京故宫博物院文物中的精品。

现在北京故宫博物院每年都吸引着世界各地的800多万游客。很多人痴迷于故宫，痴迷于故宫的艺术珍品。设计师胡晓丹从小至今，已经去过无数次故宫了。

胡晓丹："第一次看时很小，记不清了。但是最初的几次，虽然看不懂，可是觉得特别好，原来有这么多好东西啊，当时是那个感觉。我听我妈妈说我老发愣，经常看着看着，手里拿的东西就掉地上了，也不知是怎么回

太和殿前的铜龟和铜鹤

太和殿前象征江山永固的陈设。铜龟、铜鹤是吉祥、长寿的象征

事。我觉得它里面有好多东西融入了中国人太多的理想、情感，我一直觉得它不仅仅是皇家的，它是中国的。”

太极殿内

太极殿是紫禁城内廷西六宫之一，建于明永乐十八年(1420年)。帝后寝宫的室内装修和家具陈设，做工极其考究，雕镂精致，风格独具

交泰殿内的自鸣钟

嘉庆三年(1798年)由宫廷造办处制造，高约6米，分三层，下面是四根雕画圆柱撑起的底座，第一层像柜子，背面有两扇门，第二层是直径三尺的表盘，用罗马数字标示时间，第三层是黑漆描金的尖顶

交泰殿内

北京故宫内廷后三宫之一，位于乾清宫和坤宁宫之间，约为明嘉靖年间建，顺治十二年(1655年)、康熙八年(1669年)重修，嘉庆二年(1797年)乾清宫失火，殃及此殿，是年重建

故宫的博大精深感染着胡晓丹，在以后的创作中，胡晓丹把以紫禁城为代表的中国传统文化与现代意识一起注入自己的服装语言中。1995年1月，胡晓丹将一座流动的紫禁城，搬上了时装舞台。

胡晓丹："在几十个国家演出过了，我碰到许多看完演出后哭的人，都是因为激动哭的，很多很多，碰到过好多次。第一次碰到哭的人是在意大利，他没有来过中国，他说他一定要去中国看看。反正哭的人比较多。"

胡晓丹的这座"流动的紫禁城"，在中西文化之间，搭起了一座文化沟通的桥梁，不同文化背景的人们都可以从中感受到故宫的沉重与悲壮、美丽与辉煌。

我们自己国家的东西确实很好，但它们有没有得到最好的利用机会、最好的展示条件，让人们得到最好的教育和最好的享受呢？就是在这个

白玉嵌宝石碗

此碗系乾隆帝用于重大典礼中御赐奶茶。玉质洁白无瑕，圆体，撇口，敛腹，花瓣式底足，桃实状双耳。下腹部内外嵌金片为枝叶，大小花朵上嵌红宝石

养心殿东暖阁"垂帘听政"处

清咸丰十一年(1861年)，咸丰皇帝死后，西太后施展计谋除掉了辅政八大臣，从而得以控制皇权。在同治和光绪皇帝年幼时，西太后和东太后就在这里垂帘听政

《清明上河图》局部

宋代张择端作。《清明上河图》是一幅绢本设色长卷，高24.8厘米，长528厘米，描绘的是北宋都城汴京在清明时节繁华热闹的景象。清明上河是当时的民间风俗，如同今天的节日集会，人们进行商贸活动

方面，我们的博物馆跟国外那些大的博物馆还是存在着一些差距，或者说一些差别的。

李零：“首先最明显的一点就是，他们的展品具有国际性，而中国目前还只是以中国文物为主。但是另外一个差异从博物馆一开始建立时就有，就是有相当一部分国外的博物馆，其实是艺术博物馆，它们的科学性、系统性比较差，因为它们往往是从全世界各地收藏而来，等于把其他国家原来的线索打乱了，硬拆下来硬搬去，都不知道那些东西原来在历史中的位置，但是我们这儿不断有新的出土文物。另外一个方面，我们比较强调从历史的系统性和考古性上来组织展品的展览，我觉得这点今后还是应该发挥，这是我们的一个特长。不过我觉得可能过去我们有些搞教育的观念，使用的方法比较简单，这些应该重新反省，重新探讨。”

以下这一点，恐怕确实是中国和国外的博物馆差别最大的地方。在国外的博物馆，我们看到的是世界各国的东西，而在中国的博物馆，能看到的是我们自己的东西。可能一是因为我们国家自己的东西太多了，同时还在不断出土；二是我们从古到今没怎么去国外打仗抢回来东西过。

李零："我们没有当帝国主义啊。"

同时，我们国家还在大力发展经济，目前也没有那么多钱买回来许多东西，所以基本上我们能看的是自己的东西。不过现在这些年，中国的博

康熙大阅盔甲

这是康熙帝检阅清代八旗军队时专门穿的大阅盔甲。大阅盔甲与战场上所穿甲胄不同，特点是不用金属，而用金线在黄缎上绣横纹

皇贵妃冬朝冠

又曰"凤冠"，它与同为礼服的朝袍、朝褂和朝裙一起穿戴，用于重大典礼等场合。此冠用铜镀金累丝及桦树皮装饰制作而成，造型华丽庄重，做工繁复考究，尽显皇家气派

白玉“大清受命之宝”玺

檀香木“皇帝之宝”玺

清乾隆以前，御宝一直没有确切的数目，乾隆时，钦定二十五宝，其中有二十宝完全袭用明宝，只有“大清受命之宝”、“大清嗣天子宝”、“皇帝之宝”（满文）、“制驭六师之宝”、“敕正万邦之宝”五方是清室新定的

物馆管理层从理念上开始在不断地国际化，曾经在北京展出的埃及文物展，很受欢迎。

李零：“希腊的、罗马的专题都在我们国家博物馆组织了很好的展览。”

中国的公众也有希望在未来的日子里，就在自己家门口，越来越多地看到世界各国的文明了。

李零：“我也希望大家能够走出国门，到外面去多看一些博物馆。”

02

动力博物馆

早在文艺复兴时期,达·芬奇在创造绘画的同时,也在琢磨着一种能帮助人们像鸟一样飞翔的机器。人类不满足于自己的本领,做着异想天开的尝试,巴望着能够制造出使自己随心所欲的机器。当人类的本领通过这些机器得到验证时便开始大量地制作它们,使它们实用、舒适、美观。如果说,在昨天,插上翅膀飞上天空就是人们的幻想,而今天,对于已经飞翔在天空的人们来说能够有一双美丽的翅膀则是他们最大的愿望。在什么地方我们能够看见工业的发展、技术的进步和渗透到生活每个方面的艺术?那就是动力博物馆。

悉尼动力博物馆建于1879年,以收藏与科学技术、历史、艺术设计等领域的相关物品为主,大多数藏品存放在博物馆下属的探索中心,已经有140多年的历史,它是澳大利亚最早的博物馆,也是内容最丰富多样、收藏范围最为广泛的博物馆。这是一个独特的博物馆,没有考古学、人类学,也不是一个自然历史博物馆,更不是普通意义上的博物馆。它是这样一个博物馆,侧重的是科学、技术、装饰艺术、交通和航天,它是国家唯一的航天技术展览策划者,同时也是最大的时装发布展览策划者,是澳大利亚最大的时装作品收藏地。

首次向公众开放展览时展示的藏品只有3 000余件，但是对博物馆的收藏而言，这个数字只是凤毛麟角。为了让人们能更近距离地观赏到这些藏品，中心的工作人员还对存放藏品的器具做了改变。展出藏品的器具已经装上了全套的抽屉和盒子，他们对这些抽屉和盒子做了调整，在上边装上玻璃顶或者玻璃面。

此次展出的物品可谓琳琅满目，包罗万象，从科技到生活、从与运动相关的物品到林林总总的个人收藏，都能在这里一一尽览。

一把放在抽屉里的火炬可大有来历。在2000年悉尼奥运会开幕式上，澳大利亚短跑名将卡茜·弗里曼就是用它点燃了奥运圣火，卡茜也于同届奥运会上拿到短跑金牌。

各式各样的运输工具也是一大看点。

人们都认为博物馆展览的都是比较古老的藏品，动力馆所收藏的物品并不是一定要求有多少年的历史，也有很多和科技相关的展品，甚至还有很多是最新的科学技术。他们不断收藏各种各样的作品，大到航天工具，小到花边技术。

127年对历史来讲是一个微不足道的数字，但是对于澳大利亚这个年轻的国家来说，却是全部历史的最大部分。动力博物馆的藏品不分大小和种类都能表现出新南威尔士州和整个澳大利亚历史及现状的每个侧面。澳大利亚建国以前的土著居民生活场景和艺术作品、新生国家的科学发明和技术革新、工业设计作品与工艺美术作品都在共同的空间中展示。

1879年，澳大利亚第一届国际展览在悉尼举行，这是一个关于世界最新发明与工业发展的展览。为了这次活动，新南威尔士州政府用了8个月时间，在悉尼植物园里建了一个花园宫殿，由于活动取得了空前成功，政府决定购买展览中最受瞩目的展品，建立一个工业与技术博物馆。动力博物馆的前身就这样诞生了。

1882年博物馆对公众开放之前，一场大火将整座宫殿烧毁，在重建过程中，博物馆仍在继续收藏各种各样的物品，比如新南威尔士州的第一辆蒸汽机车。

1893年，新的博物馆在哈里斯大街终于落成，叫作技术博物馆。技术博物馆在大火劫难中遗留藏品的基础上继续收集新的作品，既有司空见惯的机器，又有新的独特发明。

1945年博物馆改名为实用艺术与科学技术博物馆，但是新的问题出现了，因为找不到足够的展示空间，不能够收集新的作品，寻找新的地点成为当务之急。

在哈里斯大街的尽头，有一座废弃的发电站，在1899年到1902年之间曾经为悉尼的有轨电车网发电，最后一辆电车于1961年停运，发电站被废弃，里面空空荡荡、破烂不堪，飞满了鸽子，没有人认为这个地方还会有别的什么用处。1979年，新南威尔士州政府决定将这座废弃的发电厂重新翻修作为博物馆的新址。

建筑师们用了两年的时间专门对这幢原有的建筑进行了翻修，充分利用原有格局的巨大空间，在废墟里建造了一座崭新的建筑。这是一个独特的博物馆，里面有很多独特的收藏品，所有的博物馆都以自己的方式收藏各种作品，而这所博物馆收藏一切有意思的东西。澳大利亚有一种鸟叫园丁鸟，园丁鸟搜集很多东西，它唯一的标准是蓝色物品，这所博物馆就像一只园丁鸟。

目前它是澳洲最大的博物馆，占据了昔日发电厂的整个地盘，自然科学与技术在这里以游戏的方式变得简单易懂。博物馆共有五层，20余个充满幻想的单独展厅将使你在此留恋半天。这座多功能的博物馆涵盖了日常生活的各个领域，科学、技术、手工艺品等，受到年轻人和老人的青睐。你可在真正的艺术影院里欣赏有声或无声电影，甚至可自己探寻科学的奥秘。它不同于我们以前参观过的任何一个博物馆，它的形式，还有它的收藏与展览的作品都很独特。

走进动力博物馆，人们已经不知不觉地置身于科学与动力的天

瓦特发明的蒸汽机车

这是瓦特发明蒸汽机以后制作的第三部，于1784年诞生于英国，曾在欧洲工业革命中扮演了重要角色

地。这里收藏了瓦特发明的蒸汽机车，它的年龄比澳大利亚建国还要早，于1784年诞生于英国，是瓦特发明以后制作的第三台，也是现在世界上仅存的一台，它曾经在欧洲的工业革命中扮演了重要角色。

动力博物馆的天文观测台则与澳大利亚国家的历史紧密相连。澳大利亚的开国元勋库克上校从英国来到澳洲的使命之一，就是要在南半球得天独厚的环境中观测1769年的金星运动轨迹，这里面的天文望远镜早在1874年就被安装在观测台内，今天的澳大利亚仍然在国际航天舞台上扮演着积极的角色。作为美国国家航天局重大航天活动的南半球观测地点，1888年动力博物馆举办的航空展，首次将世界航天技术领先的国家聚拢在了悉尼，让澳大利亚的观众可以在这里了解来自美国、苏联和中国的航天技术。

大厅里的直升机所展示的不仅仅是飞机技术的发展过程，它所表现的更趋向于人类探索的精神。

动力博物馆同时也收藏了人类飞行器探索的最早成就。自从1895年波科克进行多次飞行尝试后，在欧洲许多人也做了试验。1894年，B.F.S.巴登·鲍威尔成为进行载人风筝飞行并且取得完全成功的第一个欧洲人。早期的飞机只不过是模仿飞鸟的工具，澳尔戈兰

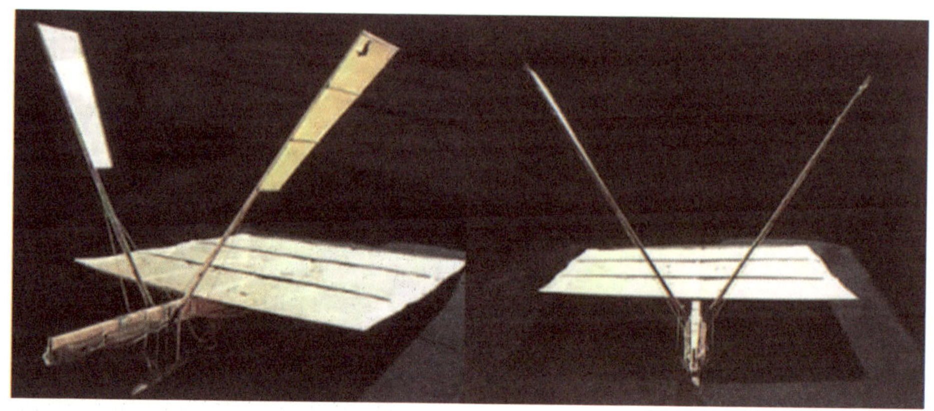

早期飞行器

这些看起来像一只大风筝的飞行器只能飞几米高，但是它们为后人做出了腾空的准备，奠定了人类航空史的基础

夫的发明也只是捆绑在一起的木器。这些木制飞机似乎并没有超出达·芬奇想象中的飞行器。澳尔戈兰夫的风筝飞机也只飞到4.8米高度，但是引擎的利用使它为后人做出了腾空的准备，也使它成为航空史上功不可没的前辈，人类终于插上了翅膀飞上了天空。

在我们身边，每一件东西都包含着设计的因素，它包含着发明和工艺最原始的想法，设计可以包括很多东西，可能与它的操作方法有关、与它的外形有关、与它的材料和规模有关、与它的物理原理和化学成分有关，它涵盖人类活动的所有范围。如果说在18世纪工业革命的前期，发明家或者设计者更注重实用功能的话，那么1790年工业设计图的首次出现，则表明设计师已经不能不考虑其设计物的美学价值。

在动力博物馆的大院里停放着3830号蒸汽机车，这是新南威尔士政府于1949年设计生产的30台蒸汽机车的最后一台，所以叫3830。它是澳大利亚自行设计生产的机车，也是工业设计的代表作品，它曾经在澳大利亚的工业旅程中立下了汗马功劳。

停放在大厅中央的3808号机车是动力博物馆里最早的蒸汽机藏

3830号蒸汽机车

这是新南威尔士政府于1949年设计生产的30台蒸汽机车的最后一台。它是澳大利亚自行设计生产的机车，也是工业设计的代表作品

3830号蒸汽机车及内部

这是新南威尔士州设计制造的机车，车厢的内部是装饰精致的一间小屋。橱柜、壁炉、窗帘、镂花玻璃，精心设计的餐桌、餐具、玻璃、银器成为具有代表性的澳大利亚室内设计

品，早在1805年的一场大火之后就成为博物馆的收藏。这是新南威尔士州设计制造的机车，同时也是件高质量的工艺美术作品。车厢的内部是装饰精致的一间小屋，橱柜、壁炉、窗帘、镂花玻璃，精心设计的餐桌、餐具、玻璃、银器成为具有代表性的澳大利亚室内设计。英国女王曾经下榻这间移动的小屋，巡视澳大利亚。

澳大利亚的人文历史源于欧洲，他们的工业发展和工业设计也是植根于欧洲，在欧洲的传统基础上不断摸索走出自己的道路。

自从有了人类，人们为了生活环境的改善一直在不停地探索，终于使自己走出了森林，从恶劣的环境中解脱出来，充分地享受着自然给生活带来的美好。有雨水滋润着万物，有阳光普照着大地，有舒适的家饰供我们起居，有精美的食物让我们的生命延续。人们在享受着其他动物无法与自己相比的美好生活的同时，又在幻想着能够具有其他动物的本领：可以长时间地在水中漂游，不间断地在大地上奔驰，自由地在天空中飞翔。人们的智力能够使自己从动物的身上得到灵感，借助于它们的特长改善自己、超越自己。善于思考的人类虽然不能够改变自然，却在努力地利用自然。

我们今天设计制造了一切，与自己的祖先相比，表现出更加人性化的特征，我们对于事物外观的兴趣大大超过我们的祖先。我们不仅需要衣食住行的便利，更加注重它们的美丽，用它们装饰着我们的周围；我们居住的房屋不仅是用来遮风避雨的，使用的桌椅也不仅是起居的工具，服装也不仅用来遮体。在动力博物馆里的装饰艺术作品从传统设计、绘画到具有民族特色的雕塑，还有现代的建筑设计、多媒体广告设计、招贴画的设计、室内家具及装饰设计。动力博物馆里的时装设计作品是澳大利亚最大的收藏，如设计师尼古拉・费奈提的工艺皮鞋及套装系列将建筑、绘画与时装融为一体，成为多民族文化传统与现代时装结合的典范。

03

古埃及国宝展

埃及是一片古老而神秘的土地。1939年，一群古王陵的发现，让埃及再次为世界所瞩目，这是20世纪发现的古埃及唯一保存完整、没有遭到严重抢劫的王陵，这里出土的大量面具、金银饰品以及精美的生活用品，在当时引起了巨大的轰动。时隔60多年，这批无价之宝出现在另一个文明古国——中国。

2003年12月5日，古埃及国宝展在中国国家博物馆开幕，这是在北京举办的第一个古埃及文物展览，也是埃及国宝在国外最大规模的展出，有近1/3的展品是第一次离开埃及本土。143件文物涵盖了从法老、官吏，到平民百姓的日常生活、宗教信仰、丧葬习俗等众多内容，总价值高

《法老埃赫那吞雕像》

埃赫那吞原名阿蒙霍特普四世，是古埃及第十八王朝的国王，是埃及国王阿蒙霍特普三世的小儿子

达2.6亿美元。比如已经有5 000年历史的古埃及人化妆用的眼影盒；再比如一尊早年流失海外的眼镜蛇女神雕像，它刚刚由美国返还，埃及国内民众还没来得及欣赏，中国的观众就先睹为快了。

展览的第一部分是法老的世界。法老是古埃及王国的最高统治者，他们的雕像有着统一的模式，左手执弯柄的权杖，右手拿着连枷，这是他们权力的象征。王冠上有他们的保护神眼镜蛇的头像。古埃及人憎恨衰老，法老的脸上总是充满了生命的活力，杏仁状的双眼、微微上翘的嘴唇，标志着他们的尊严和地位，唯独展厅正中的一尊近2米高半身法老像却与众不同。法老埃赫那吞的巨石雕像是埃及博物馆的镇馆之宝，埃赫那吞是埃及14个法老之一，是整个古埃及所有法老里最有争议性的一位。他有着一副被认为很丑陋的面貌，狭长的脑袋和面孔，厚厚的嘴唇，窄肩、驼背、挺腹、丰臀，处处显示出这位法老独树一帜的个性。埃赫那吞死后，有关他的一切神庙和塑像悉数被毁，这尊已断裂为三截的雕像能够保存下来，实在是一个奇迹。

这位丑陋的法老埃赫那吞又被称作“叛逆法老”，或者叫“异端法老”，其中一个原因，就是他在表现自己形象的时候，和传统的法老都不一样。众所周知，传统的埃及法老所表现出来的形象都是非常理想、非常完美、非常健康的。这是为了让民众相信，法老有超乎常人的能力，因此外在才会表现出一种异相，大家必须尊崇敬拜。比如拉美西斯二世的雕像非常高大，而他的皇后雕像却很矮小。人像神，千篇一律，可以说是埃及法老雕像的特点。埃赫那吞则采取了非常诚实的做法，表现出了自己长脸、厚嘴唇、窄肩、大腹便便，可说是十分怪异的样子。这点和希腊很不一样，希腊是神像人，神人同形。和中国的传统也根本不同，在中国，形容一个伟人，比如形容一个皇帝，往往会形容他天生异相，特别是开国皇帝。在《史记》里，讲到刘邦时形容他的耳朵很大，双手过膝，即两只手都长过膝盖，哪有那么长的手呢？甚至有些特征作者肯定是瞧不见的，比如说刘邦大腿上有72个黑点等，这些特征无非表现皇帝的超群之处。

埃赫那吞的一反常态之处不仅表现在塑像时的离经叛道，作为古埃及战功赫赫、最富有军事天才也是最英勇好战的法老图特摩斯三世的后人，他可谓不肖子孙。他热爱和平，热爱温馨的家庭生活。他还敢冒天下之大不韪，公然与阿蒙神决裂，代之以阿吞神崇拜。他所推行的这次宗教改革也是埃及历史上唯一的一次。

在他即位之后，他迁都阿玛尔纳，改名埃赫那吞，在宗教、文学和艺术方面实行了一系列改革，他宣布古埃及人只能拜一个神阿吞，也就是太阳神（形象为一个太阳圆轮）。之前埃及是多神崇拜，有成千上万个神，这一习惯延续几千年了。所以有人把埃赫那吞称为历史上第一个推行一神教的人，比犹太的一神教还要早。可以说，他动摇了埃及人的宗教信仰，这对当时的人们来说，是很难接受的。除此之外，他的离经叛道还表现在他排斥整个祭司阶层。

埃及传统文化的代表者就是祭司阶层，也就是当时的知识分子，埃赫那吞宣布关闭其他神庙，就意味着这些神庙的祭司失去了工作，意味着当时有发言权的那些实力阶层全给废止掉了。然后他从社会的中下层提拔了一批没什么文化的新贵，让他们来做官，好比农民受压迫，翻了身。这次改革可谓大胆，甚至都能称之为革命。

不过，由于他提拔上来的这些人文化水平都很低，甚至连字都不会写，因此就把当时的口语变成了书面语，于是在埃及语领域里出现了一种过去没有的新埃及语，就是口语书面化现象，这就是埃赫那吞提拔中下层没文化的人所造成的。由于他动摇了势力强大的祭司阶层，他们自然反对他。尽管今天有很多西方学者喜欢埃赫那吞，但是古埃及人是不喜欢他的。在他之后，法老图坦卡蒙停止了改革措施，再其后的法老们则开始破坏他的纪念物，他的名字都被抠掉了。不过，物以稀为贵，正由于埃赫那吞像被保存得非常少，现在我们看到的这个还是残缺不全的，它便成了埃及博物馆的镇馆之宝。如果埃赫那吞有灵，应该很感欣慰。

说到古埃及，自然就会联想到木乃伊。当又一位法老离去时，在祭司的祈祷声中，人们就会将法老的尸身制成木乃伊。埃及的法律规定，“所有

女性木乃伊

此尸体用亚麻布精心包裹，经防腐处理，X射线透视表明，是一具年轻女性的尸体。据估计，如此包裹一具尸体，需用布料共达375平方米

镶嵌宝石的王室手镯

来自埃及，约公元前940年。这只手镯由金片制成，略呈锥形，带有铰链。它的外表装饰了一位年少的太阳神坐于一朵莲花之上，手持王室的曲柄权杖

的木乃伊都不许出境”。如果去埃及的博物馆参观，木乃伊馆是绝对禁止照相的。木乃伊的制作过程非常烦琐，首先要将尸体面朝上放在桌上；将特制的钩子从尸体鼻孔伸入脑部，反复摇动钩子，直到将脑浆全部捣碎；再将尸体翻转，让脑浆从鼻孔中流出来；当脑浆流完后，将滚烫的树脂灌入尸体脑部；切开尸体腰部左侧，用手伸进切口，将尸体的内脏掏出来。直到公元前1 000年，古埃及人将尸体的内脏，包括肺、肠、胃等放在一个罐中。但是从公元前1 000年起，他们改变了做法：将所有器官放入一个特制的“胸部”，并将它放入尸体内；用特制的香料和油层层涂抹尸体。在防腐程序完成之后，在头发上涂抹香油，保持发质亮泽。接下来还要用特制的化妆品为脸部上妆；用在香油中浸泡过的布条将尸体层层包裹起来；在木乃伊的脸上戴上黄金面具，身上也用黄金包裹起来（仅限于王公贵族）。

今天的人们同样掌握了这种过程，而且还包括了好几种做法，根据顾客出钱多少来决定制作工期。越贵的，制作时间就越长；越便宜的，制作时间就越短。一般一具木乃伊制作完成需要70天的时间。

埃及国宝展的另一重要部分涉及埃及人的日常生活。古埃及人特别讲究护肤，化妆不是奢侈的行为，而是一种生活方式，贫富的差异只是所用品牌和质料的贵贱而已。稍微有点身份的古埃及妇女都有一个讲究的化妆盒，展出的这个化妆盒就很精致，外形看着像蝗虫，是装油膏用的油膏瓶，使用时用类似牙签的小棒，把油膏挖出来往身上抹。古埃及人化妆，

蝗虫形化妆容器

这个外形像蝗虫的容器是装油膏的油膏瓶，使用时用类似牙签的小棒，把油膏挖出来往身上抹

帕迪亚美尼布奈苏塔维之祭罐

这件青铜罐出自底比斯附近尼罗河墓。罐上的一组画面表现死者的儿子正在献祭的场景

为了美是一方面，另外一方面是为了保护皮肤，因为气候非常炎热，人口又都集中在河谷和三角洲一带，周围都是沙漠，非常干燥，所有男人、女人都往身上抹大量的油膏。

人最早的化妆行为和保健行为，也许都是受外界条件的影响产生的。非洲有些热带地方的居民也会在身上涂很强烈的色彩。在中国古代，则叫披发文身，就是把头发披下来，身上画上花纹。为什么画花纹呢？据说这样下水时鱼就以为人也是一条鱼；或者把花纹画成野兽模样，装成野兽去吓唬野兽。古埃及人对化妆的热爱，首先是现实生活的需要，然后才慢慢变成一种信仰，正好附会在神的身上。

有一个例子，可以用来证明化妆品是古埃及人的生活必需品。有一次，给法老造王陵的那些工匠们罢了工，原因是什么呢？为了防止王陵的秘密泄露，工匠们都住在一个比较偏远的村子里，所有需要的日用品都由专人送去。工匠们罢工是因为他们日常生活需要的那些油膏、香水等重要的日用品没有及时送到，因此不满。古埃及人每天都使用油膏、香水，一方面为了美，另一方面，也是为了掩盖身上浓重的体味。

当摩西从古埃及流放地归来的时候，上帝命令他觐献由橄榄和香料制成的圣油，这是《旧约》中记载的故事。而事实上，古埃及人对香精的提炼最早可以追溯到公元前4000年。散布在尼罗河两岸那些庞大神庙的遗址中，至今还保留着古代的香精实验室。香水有两种，一种是液体的，是从各种各样的花瓣中提炼出来，然后放入一些油脂；还有一种是固体的，顶在头顶上。年轻女子、贵族女子穿着漂亮的服饰，头顶上顶着一块这样的固体香水，气温很高的时候，它就会融化，流在她们的假发上。古

香膏瓶

来自埃及，约公元前1390—公元前1352年。瓶身为半球形，瓶底为喇叭形，瓶颈为粗大的圆柱形，带有两个手柄。开口较大，以便用匙或手指取出瓶内的软膏

棕榈树眼线膏瓶和眼线笔

来自埃及，约公元前1375—公元前1275年。这个玻璃瓶取棕榈树的形状，瓶身用深绿色玻璃制成。瓶中还放着一根青色的玻璃棒，用以涂抹油膏

埃及人无论男女，都戴假发，这是出于卫生需要。由于天气很热，很不方便打理长发；因此男人不留头发，出门或是有宴会的时候，就戴上假发；女人则留短短的头发。在这次展品中就有一个贵族女子的雕像，能清楚地看到在她的假发下面，还露出一缕真头发，需要时就戴上长长的假发。

除了香水、油膏，还有文身，化妆时还会使用眼影、口红、胭脂，而且都是用天然的东西制成。因为埃及当时商路很发达，向南可以进入撒哈拉沙漠，与非洲进行贸易往来；往北则通过地中海，地中海的交通非常方便，所以天然的产品特别多。比如在北非就有一种五彩的石头，有天然的香味，把石头搁在家里，就像点燃一炷香一样。当时古埃及人最常见的蓝紫色眼影就是用孔雀石磨成的粉与鹅油混合而成，甚至连他们脱毛发用的东西跟现在都没什么太大区别。

为什么古埃及有众多宝物能流传至今？埃及的地理环境决定了它能保存下来许多东西，而中国古代由于都是土木结构的建筑，而且中国很多地方都特别潮湿，都是黄土，保存下来的东西就少，现在很多以前的东西我们都看不到了。但在埃及，哪怕是3000年前、5000年前的东西，只要它保留下来，就像当时一样，和新的差不多，这也是埃及文物的突出特点。由于文物多，人们对它们所做的研究也就多，知道的也多。

有意思的是，古埃及是一个男权社会，女子是属于附属地位的，这可以从雕塑和画中看出。比如丈夫的形象往往很高大，妻子的形象就相对小一些，可见艺术形象能反映出地位高低。但同时，与古往今来的大多数国家不同，古埃及女性在家庭中拥有极高的地位，特别是在平民阶级中，地位甚至会超过男子。

在我国，即使现在，在拍结婚照的时候，或者在生活中，绝大多数是男人搂着女人，这一习惯其实有着深刻的文化背景。但是埃及却正好相反，许多文物中是女人搂着男人。现在还找到了一些类似婚姻契约一样的文献，最早的一份文书是在公元前7世纪，一个男子写下这样的话，原文大致如此：现在我已经娶你为妻，我已经给了你多少多少钱作为聘礼。如果将

古埃及耳环

将中间金管的延伸部分穿过耳朵上的穿孔，调整耳环的位置，耳环上的金花正好遮住耳朵上的穿孔

来我不承认你是我的妻子，理由是我喜新厌旧，即出于我个人的原因，而你没有犯什么错误，那么我给你的这些聘礼都归你所有。除此之外，我还把我们共同生活之后的所有财产的1/3给你，另外我还要交给你多少多少的补偿金。这份古代文献类似今天的婚前公证，从中可以看出许多问题：1.离婚在古埃及是被允许的，并且男女双方都有权提出离婚请求，通常的离婚理由可以是通奸、不孕、相互反感，离婚双方都可再婚；2.一方面古埃及女人有一定地位，但另一方面又属于从属地位，不是主宰，一个“聘”字，就等于买一样，另外婚后财产分给她1/3，主宰权还是在男的手里。

在埃及南部（包括苏丹），有一些女王的陵墓保留至今。从画像上可以看出，那些女王很厉害，类似中国的武则天，她们管事掌权，她们打仗，女的都粗腿大胳膊，拿一把剑。那个时候，古埃及人的家庭构成绝大多数是一夫一妻制，不像中国古代的女人地位低下，普通男人都可以有三妻四妾。在古埃及，只有极少数的贵族可以多妻，当然法老经常出于政治目的而娶上许多妻子，像拉美西斯就有上百个妻子。还有很多外交联姻：如要跟某国交好，当然就娶某国的公主以表示两个国家友好。古埃及人在外交婚姻关系中采取了一种较为特殊的立场，古埃及只娶外邦的公主，而不把自己的公主外嫁，即“只娶不嫁”。另外，古埃及人再婚现象也比较多，由于种种原因，比如那时候的医疗条件比较差，人们容易早夭，男女都允许再婚，但特别忌讳“脚踏两只船”。

讲一个小故事，上面提到的那个罢工的工匠村，有一个村民已经结婚了，但是他和另外一个女子非法同居了8个月，激起这个村子里的民愤，大家就把他俩围起来殴打，最后这件事惊动了地方长官。地方长官来调解，他责备男人说，你可以和你的情人在一起，但是你必须到村子的法庭上宣布，正式和你原来的妻子分开，然后再和现在这个情人在一起。这一宣布的目的是让他原来的妻子重新恢复自由，拿到她应该拿到的那些聘礼、财产等，可以重新开始生活。这种习俗一是涉及法律，还有一点则涉及实际经济能力。比如在中国，尤其在明清时期，一般平民百姓不能有两个老婆，法律规定如要娶第二个老婆，要到40岁还没有孩子才可以。涉及实际生活就是养得起养不起，如果养得起，穷人照样可以娶两个老婆。

浪漫的爱情和对幸福婚姻的憧憬是古埃及妇女生活的重要内容，古埃及女性无须遵守什么婚前操守，因此她们相对于其他国家的女性更加开放，在求爱时也常会占据主动地位。有一首古老的情歌，类似中国的“一日不见，如隔三秋”：“我的哥哥用他的声音来折磨我心，他让我萎靡病弱，/他就住在我母亲家的隔壁，我不能去看他！/哥哥，我以女神之名承诺于你！/快到我身边来，让我看看你的模样！”妇女相对独立的地位也给妇女一些参与社会，得以与男性保持一定婚前关系的机会。

古老、遥远、伟大、神秘、迷人……这些无疑都是古埃及生活的代名词。尽管金字塔群已经不是地球上最宏伟的建筑，尽管“不死法老”的墓室已经沉入亘古静寂，尽管巨兽斯芬克斯可怕的容貌已经在不断剥落中模糊不堪，尽管帝王谷里已经不再总是有奇珍异宝源源涌出……古埃及、古埃及人和他们留下的种种不可思议，却始终激发着世界上属于不同文明的人共同的好奇、向往和敬畏之心。

04

提森博物馆（提森美术馆）

西班牙的首都马德里是欧洲最古老的城市之一，它位于伊比利亚半岛的中心，坐落在海拔700多米的高原上，干燥的气候和干旱的土地上，树立起来的并不是一座贫瘠的城市，从中世纪到现在的人们，在马德里留下的不仅仅是各个时期不同风格的建筑，还有各类的文化遗产，它们分布在不同的艺术博物馆里。

在马德里有大大小小的60多座美术馆，其中有3个是绝对不能错过的，那就是有“美术馆黄金三角”之称的普拉多美术馆、提森波尼米萨美术馆以及苏菲亚王妃艺术中心。这一点跟巴黎特别像，巴黎也是三大博物馆，一个叫罗浮宫，一个叫奥塞博物馆，一个叫蓬皮杜中心；罗浮宫里收

《1808年5月2日马德里人民起义》

西班牙画家戈雅1814的作品。画家以马德里的夜景作为画面的背景，意在表现黑暗笼罩着西班牙。画面聚光于起义者形象，而将法军置于暗部，形成鲜明对比

藏的是古代艺术作品，在奥塞博物馆里是近代艺术作品，在蓬皮杜中心是现代艺术作品。在西班牙的马德里也是一样，普拉多博物馆收藏的是古代艺术作品；提森博物馆是近代艺术作品，也有一部分古代的艺术作品和现代的艺术作品；在苏菲亚王妃艺术中心里的则纯粹是现代艺术作品。

首先来介绍普拉多美术馆。普拉多美术馆可说是全世界保存西班牙美术品最完整的美术馆。普拉多美术馆是座新古典主义的建筑，它结合了皇宫、神殿、圆形环廊等三种建筑构造。馆内单单画作收藏就有8 000多幅，所以普拉多美术馆是西班牙引以为傲的美术馆。但是由于它的空间不足，使得许多收藏品无法展示，非常可惜。馆内所收藏的都是著名的杰作，所以它被誉为是世界少数的美术馆之一。而以画家而言，则以戈雅

《查理四世一家》

戈雅画于1800年。这是当政波旁族的全家像。画中人衣着华丽，表情严肃。戈雅以其敏锐的观察力，将皇室成员的呆板、虚荣和自以为是表现得淋漓尽致

的作品最多。此外还有利贝拉以及宫廷画家委拉斯凯兹等著名画家的作品。另外美术馆也收藏大量外国美术家的作品，例如意大利和法兰西等画派。普拉多美术馆有如此多的美术作品，以致有人说，看了普拉多美术馆的美术品，就已经达到来西班牙旅游的一半目的了。

再介绍苏菲亚王妃艺术中心，也是“美术馆金三角”之一。顾名思义，它是以西班牙王妃苏菲亚的名字命名的。这座建筑的外观也是新古典主义的建筑，可是在成为苏菲亚王妃艺术中心之前，它是一所医院，直到1986年才被改建为西班牙现代艺术馆。馆内除收藏了世界知名的画家如毕加索、米罗、达利的画作之外，还有代表超现实主义、唯美主义的画作。苏菲亚王妃艺术中心也有丰富的藏书，特别是有关艺术的书籍。如果想了解西班牙现代艺术，是绝对不能错过苏菲亚王妃艺术中心的。

“美术馆金三角”的第三个美术馆就是提森波尼米萨美术馆。无论是在马德里学习、工作和生活的人，还是远道而来观光的人，都不愿意错过马德里的这第三大美术馆。

这座美术馆是一家私人收藏馆，设立在一幢三层楼、外观典雅、内部现代的别墅里。这座具有新古典主义风格的建筑在过去的100多年里是一座埃尔莫萨宫殿，后来经过西班牙建筑师的改造，在1992年开幕。它的外观所呈现的是新古典主义的建筑风格。馆内都是提森波尼米萨男爵的私人收藏，收藏品达800多件。它之所以被视为最重要的博物馆之一，是因为它的历史虽然不长，但是里面的作品是从100多年前就开始收藏的，其收藏品是网罗了很长一段历史时期的力作，从13世纪的绘画作品原稿到20世纪的先锋作品无所不包。

它们与提森男爵的家族有着不可分割的联系，男爵家族是艺术馆里所有艺术作品的最早收藏者，他们的巨幅画像悬挂在展览大厅的中央，而在他们旁边悬挂的是西班牙国王胡安·凯若斯与苏菲亚王妃的巨幅画像，前一对夫妇是艺术的收藏者，而后一对夫妇是艺术的推广者。在这座博物馆里，主要展示了绘画作品，我们能够看到的是从13世纪到20世纪各

《男爵夫妇画像》

提森博物馆不是提森男爵夫妇建的，而是由西班牙政府建的，但是它里面展示的作品是提森家族的私人收藏品

《酒神》

提香1520年—1521年的作品。意大利文艺复兴盛期威尼斯画派的代表性画家，是乔凡尼·贝里尼的学生，并受乔尔乔奈的影响

个时期的欧洲绘画。

不过，提森博物馆不是提森男爵夫妇建的，而是由西班牙政府建的，但是它里面展示的这些作品是提森家族的收藏品，是私人收藏。要说到收藏，就得从他们的祖孙三代讲起，首先得讲他爷爷，爷爷是个德国人，生

于1842年，死于1926年，他是一个钢铁工业家，做得非常成功，一辈子都在生意场上忙忙碌碌。在1905年的时候，因为一个偶然的机会，他认识了法国的大雕塑家罗丹，有人就给他建议了一下，说让罗丹给他做一些雕塑。这个老头就是不经意地说了一句，做就做吧，他也根本就没把它当回事，等罗丹把这些雕塑做出来，是几件白色的大理石作品，老头喜欢得不得了，觉得自己以前没有喜欢艺术，等于前半辈子是白活了，所以从此就开始收藏艺术品。到了提森的爸爸那一辈的时候，走得比他爷爷还要远，简直把收藏艺术品当作主业，生意当成副业了。到了他的孙子，就是提森这里，走得比他的爷爷和爸爸还要远，热衷于收藏艺术品已经成为这个家族的一个传统了，这也是提森博物馆产生的原因。

胡家诺湖边的法沃瑞坦庄园是提森的父亲1932年购置的家产。提森的父亲生于1875年，死于1947年，他是一位成功的工业家和银行家，对艺术非常热爱。在20世纪20年代的时候，他购买了一批不同寻常的

《哭泣的女人》

巴勃罗·毕加索1937年的作品。毕加索(1881—1973)，世界最具影响力的现代派画家，一生画法和风格迭变。早期画近似表现派的主题，1915年—1920年画风一度转入写实，1930年又明显地倾向于超现实主义

作品，那就是德国、荷兰、意大利、西班牙和法国艺术大师们从13世纪到18世纪创作的绘画。他在购置了法沃瑞坦庄园以后，建立起了自己的家庭收藏画廊，并将以前存放在匈牙利罗恩斯城堡的家庭藏品搬到了这里。1937年，家庭画廊开始对公众开放，"二战"爆发后被迫关闭。1948年，在父亲去世后的第二年，儿子汉斯·提森重新将自己的家庭画廊对外开放。现在的男爵汉斯·提森生于1921年，他不仅继承了父亲和祖父对艺术品的收藏激情，同时也收藏了家庭藏品中最主要的部分。他的父亲去世的时候，将收藏的绘画赠给了所有的亲戚，提森从1920年开始，将它们从所有的亲戚的手中购买过来，同时也收购了散落在世界各地的大师的名作。家庭画廊到了他手里以后，他再次扩大了对于古代和近代艺术大师们的作品的收藏，同时他也收藏了很多19世纪和20世纪的绘画作品，这些现代艺术作品是他的父亲不屑一顾的，由于他的功劳，家庭画廊中的收藏品更加丰富。19世纪北美艺术、德国表现主义作品、法国印象派作品、俄罗斯的前卫艺术作品和20世纪初的其他现代艺术和运动的作品，都成为家庭画廊的收藏品。自从1983年以来，法沃瑞坦庄园的作品已经超过了1 500件，作为私人收藏，汉斯·提森的收藏规模目前成为世界第二，仅次于英国皇家收藏的规模。

提森家族既然是德国人，又居住在瑞士，为什么这个艺术馆却建在西班牙呢？这是因为提森男爵的夫人是一位西班牙人，叫卡门·塞薇拉，她是提森男爵的第五任妻子，是一个淑女，她不仅懂得艺术，而且还长得很好看，在20世纪90年代初期就是因为妻子的关系，男爵把自己收藏的800多幅画借给了在西班牙马德里的埃尔莫萨宫，它是建于18和19世纪交替时期的一个新古典主义建筑，在1835年左右的时候，它是一些以贵族为主的文化人聚会的场所。在1837年左右的时候，它的性质就变了，成了王子们聚赌的地方，后来慢慢地变成了王室的财产，然后到1990年的时候，政府把它翻修一新，花了45亿美元，把它改造成了一个新的博物馆。

《圣家庭和绵羊》

拉斐尔·桑蒂1507年的作品。拉斐尔是意大利画家，文艺复兴三杰之一，他的艺术满怀慈爱，以一种柔美、典雅的风姿居于理想艺术荣誉的顶端

这个博物馆中都有哪些珍贵的藏品呢？

历史被浓缩成一件件活生生的作品展示在世人的面前。在提森博物馆里，作品是按照时间的顺序排列，而不是按照民族和国家来划分的，它给观众提供的参观视角是以艺术史纵向发展，其作品按国别横向排列。汉斯·梅林于1485年创作的《祈祷的年轻人》，是文艺复兴时期诞生的肖像画在荷兰艺术中的代表作；而吉尔兰大约于1488年创作的《托玛布奥妮》则是意大利肖像画中的精品。《托玛布奥妮》是通过传统的理想化风格表现出来的，但是那些精巧绘制的织锦长袍，她的卷发、她的珠宝、她怀孕的肚子，还有那些和她朝拜有关的物体，被有机地结合在一起，表现了她的高贵；历史告诉我们，这位挺着肚子的美丽女子死于难产，使这幅美丽的绘画显得更加珍贵。在一个世纪以后，卡拉瓦乔在他的一幅绘画里因为使用前所未有的写实主义手法，受到了那个时代全社会的关注，被

《乔瓦尼娜·托玛布奥妮的肖像》

创作于1488年。精巧绘制的织锦长袍、漂亮的卷发、名贵的珠宝和怀孕的肚子，被有机地结合在一起，表现了画中人的高贵

《祈祷的年轻人》

汉斯·梅林创作于1485年，是文艺复兴时期诞生的肖像画中的精品

称为过分现实主义绘画。绘画中有荷兰禁用的绘画的光线，从侧面照亮了圣·卡特琳娜，细腻的手指抚摸着锋利的剑刃，修长的脖子和白色胸脯显露出皮肤之美，栩栩如生，这个细节性的场面给后人留下了非常强烈的情感体验。又过了一个世纪，布鲁埃格尔的《耶稣在加利利海的风暴中》在一个很小的画布上压缩了电影导演德米尔用了三个多小时的好莱坞大片才讲完的故事，体现了画家的非凡功力。霍桑的《快乐的小提琴手》表现了荷兰人生活的轻松和欢乐，而卢斯的《拿着珠子的少妇》则表现了一种前所未有的奢华，两种不同体裁，构成了荷兰现实主义绘画不同代表的作品。

二楼有印象派名师的作品，杜雷洛、蒂托雷托、德戈斯、坎蒂斯凯、戈雅、塞萨内、玛蒂塞、达利、米罗、毕加索等大师的画作，都在该博物馆的收藏之列，如雷诺阿的《庭院里撑伞的女人》、德加的《芭蕾舞者的摆动》。

人们在读凡·高传记的时候就知道，凡·高的晚期作品，都是在特别矛盾、近乎疯狂的状态中创作的。当时他住在法国南方的普罗旺斯，他在给远在荷兰的弟弟写信的时候就说，19世纪最伟大的事情，就是画出这个世纪的黑暗，也画出这个世纪的光明。到了提森博物馆，可以发现他画的两幅画是挂在一起的，一幅画画的是阿莱城的码头工人，是黑乎乎的一幅

《耶稣在加利利海的风暴中》

布鲁埃格尔1596年的作品，用一块小小的画布浓缩了电影导演德米尔用了三个多小时的好莱坞大片才讲完的故事，体现了画家的非凡功力

画；旁边的一幅画，画的是他那个乡村的景色，明晃晃的，特别明亮。第一幅绘画表现的是城市里面的苦难，第二幅画表现的是乡村里的美好。他画完第二幅画几个月以后就离开了人世。这样看来，历史似乎就在眼前，能触摸到历史。

在博物馆的旁边有扇门，推开后上了楼梯，可以发现自己闯进了一间特别奇怪的屋子，这间屋子就跟医院一样，到处都是仪器，人们还穿着白大褂，原来他们诊断的都是绘画。博物馆里的藏画因为时间都很长了，有的色彩开始脱落了，有的是因为细菌侵蚀，局部开始变质，所以他们的工作就是修复这些绘画。他们特别投入，在显微镜下，用一把特别小的刷子刷画里面的瑕疵，仪器也特别精密，可以精确到毫米以下的亮度单位。修复完的画一定要保留绘画的原貌，不能修成新画，可以说他们是这些绘画的保护者。而一个美术馆特别重视维护，这是对前人，也是对后人的一种负责。

去参观提森博物馆的，除了西班牙本地人之外，各个国家的都有。有很多小孩，有的是组织来的，有的是父母带来的，他们在里面跑来跑去，有的看画，有的不看画，都特别高兴，喜气洋洋。让小孩子去特别专注地欣赏一幅画，好像不是一件容易的事情，小孩子不可能像大人一样，让他坐在那儿，静静地去欣赏一幅画，但是，这仍然是一件特别好的事情，他到了那个环境里面，他对任何东西，对一切颜色、对一切形状都感到好奇，不管是主动地引导他去欣赏这些画，还是被动地接受环境的影响，只要把孩子

带到那个地方去，即使不管，让他们在里面跑，对孩子的观察力、想象力、智力发展都是非常有益的。

也许很多孩子对艺术的最初的感知力，就是在这座博物馆里培养出来的。艺术的种子就这么悄悄地在小孩子的心目中发芽了。

听听人们是怎么评价这座博物馆的吧——

“这座博物馆是有关艺术历史的最好的艺术馆之一。”

“它向世人提供了了解7个世纪欧洲绘画发展过程的可能性。”

“它也体现了男爵夫妇的个人艺术品位。”

“在这座博物馆里，我最欣赏的是中世纪的艺术作品。”

“我们不仅能够看到大量的西班牙艺术家的作品，还能看到世界其他地方的艺术作品。”

“我看到了莫奈的风景画，这是我最喜欢的作品。”

“非常有意思，能看到康定斯基的作品，几乎大多数的人对于康定斯基的了解很少。”

“在一个博物馆里就可以对古今艺术有一个相当整体的了解。”

“布展的形式非常与众不同，可以让人很深入地、很广泛地去了解作品。”

“气氛非常吸引人，给人很深的印象，很多感受不能用语言表达。”

“我自己从事的是现代艺术创作，我非常奇怪地发现，我和其他现代艺术家们的作品及艺术馆里过去的作品相比，是多么渺小，让我自叹不如。”

在提森博物馆当中，我们可以看到欧洲不同时期的艺术杰作，如果把它们放在一个历史的纵向坐标当中，我们可以看到它们对同时期作品的一些影响，如果把它们放在当今社会的一个横向坐标中，我们可以去欣赏、借鉴，感受它们那种超时空的生命力，这不仅仅是提森博物馆建馆之初的一个宗旨，同时也是全世界所有热爱艺术的人们在面对艺术大师的杰作时的共同感受。

凡·高的两幅画

《阿莱城的码头工人》(1888年)和《维斯诺特》(1890年)被挂在一起,前者表现码头工人的苦难生活,颜色黑沉;后者表现乡村的美好景色,色彩明亮,二者形成了鲜明对比

西班牙的艺术家们在世界艺术舞台上,虽然占有相对小的比例,但是,他们在艺术历史上的地位是举足轻重的,他们对世界艺术的影响是巨大的。很少有人没有听说过,格列柯、委拉斯凯兹、戈雅、达利和毕加索这样的艺术大师,人们在讲到艺术历史的时候,不可能不提到他们。西班牙的艺术馆里,不仅为后人保留了自己的艺术精品,也保留了世界的艺术传统。

05

古希腊——人与神

英国诗人雪莱说过:“我们都是希腊人。”古希腊留给今日世界、继续造福人类文明的不仅有伟大的奥林匹克运动会这一遗产,而且现代欧洲甚至世界的进步与发展,仍然在吸纳着古希腊文明的丰富营养。古希腊文明对后世西方文明的政治、法律、文化、艺术等各个方面的影响难以估量,即使相距遥远的中国也能深切感受到其深厚的底蕴和非凡的魅力。对于这样一个悠久的文明,中国人民素来怀有敬意,但又缺少深入感受的途径。“古代希腊——人与神”展览不但带给参观者艺术的享受,还能够引领他们探求古希腊文明的萌生与发展。可以说,这是两个古老文明之间的一次对话。

荷马

古希腊诗人。相传记述公元前12世纪—公元前11世纪特洛伊战争及有关海上冒险故事的古希腊长篇叙事史诗《伊利亚特》和《奥德赛》,即是他根据民间流传的短歌综合编写而成

公元前8世纪，一个名叫荷马的希腊吟游诗人的笔下诞生了两部著名史诗：《伊里亚特》和《奥德赛》。公元前13世纪，特洛伊王子帕里斯诱拐了希腊城邦国家斯巴达国王墨涅拉俄斯的妻子——美女海伦。为了复仇，墨涅拉俄斯和兄弟阿伽门农集合希腊军队围攻特洛伊长达10年之久。最后，他们巧将士兵藏在木马里运进特洛伊城，取得了这场旷日持久的战争最后的胜利。这是好莱坞影片《特洛伊》的片段，许多人正是通过这个故事了解了阿喀琉斯。在希腊人眼里，这又是一个什么样的人物呢？

阿喀琉斯是一个神话中的人物，《荷马史诗》应该怎么来看待呢？它其实更是一个文学作品，神话和故事的区别在哪里？故事是虚构的，而且我们都承认它是虚构的。神话不一样的地方，就是古代的人相信神话里面的故事是真的，所以阿喀琉斯是古希腊人心目中的一位英雄。他的母亲是海神的女儿，他的父亲是一个凡人。他的父亲追求他的母亲时还遇到了很多挫折，他的母亲为了逃避他父亲的追求，一会儿变成水，一会儿又变成动物，但最后还是被这个凡人追到了。阿喀琉斯本身是一个凡人，是战争英雄、民族英雄。因为他的战功特别显赫，因为他的英勇，大家把他奉为神，是由凡人变来的神。

希腊人特别赞赏的两种精神，一种是勇敢，一种是智慧。《荷马史诗》对英雄主义的表现始终都是赞美的。那么英雄主义该怎么理解呢？其中

得墨忒耳女性形象浮雕

得墨忒耳是古希腊奥林匹斯十二主神之一。她是宙斯的姐姐，是掌管农业的女神，给予大地生机，教授人类耕种，她也是正义女神

《许革亚像》

许革亚是古希腊神话里的健康女神，是医神埃斯克拉庀厄斯之女。其形象为一个年轻女子，手持装有蛇的碗

一个因素就是勇敢，但是勇敢的内容前后不一样。在早期，也就是《荷马史诗》所说的公元前10世纪—公元前8世纪，那个时候的英雄主义是个人英雄主义，就像阿喀琉斯，他个人怎么勇敢、怎么善战、怎么跑得快等，这些个人达到的成就也是他个人的荣誉。那个时候涌现的这种英雄非常多，所以古希腊人的神有很多，但是主要的神就12位，在奥林匹斯山上。其他的神，大家可以根据自己的需要，需要拜一个什么神，就崇拜什么神。

古希腊的神还有一个特点，就是神和人之间有相似性。古希腊的神是住在奥林匹斯山上的，不是在高高的云端，不像我们中国人心目当中的那些神遥不可及，也不像后来的那些宗教，神是至高无上的，甚至他的面孔，你都是永远看不见的。古希腊的神给人感觉，可以打一个比喻，把古希腊社会比作一个金字塔，塔尖上的是神，神下面是国王，国王下面是普通的老百姓。神的家庭也有点像人的家庭，也有丈夫、妻子、女儿，神和人之间的距离没有那么遥远。神的行为和人也没有什么区别，人和神非常相似。但是尽管相似，却不可以跨越，有一个秩序，臣民必须服从国王，国王必须服从神，神是国王的国王。

古代希腊的神有时候一神有多种职能，比如雅典娜是智慧神，同时也是战神。从神的具体职能来讲，都是各司其职。有点像今天的内阁制，各有各自主管的一个领域。神的来源也都是非常具体的。比如说雅典娜，

《生有双翼的涅墨西斯像》

涅墨西斯在古希腊的神话中是最古老的女神之一

她是智慧女神。她诞生的时候，是从她父亲的头脑当中蹦出来的。讲到美神阿佛洛狄忒，她是怎么来的？她是美的化身，于是就有一个关于她的故事。在人们心目中她是美的化身，可是其他的神却不这样认为，比如说，其他的女神，像雅典娜和赫拉都认为她们比阿佛洛狄忒更美，而且她们3个人争这个问题的时候，还请特洛伊的王子帕里斯来做裁判，裁判她们3个女神哪个是最美的，哪个就得到金苹果。

我们都熟知特洛伊战争，熟知阿喀琉斯，其实这个故事的源头就是3个女神的争风吃醋。所以神和人一样，也有缺点，也有嫉妒心，而且古希腊人并不认为神是完美的，他们认为神的原形就是人，就是大写的人，和人有很多相似之处。古希腊的神既然和人很相似，他也有人的缺点。有一个喜剧，就表现宙斯的风流性格，画面上的宙斯搬着一个梯子正在爬窗户，想进到他情人的房间里面，就是说古希腊人会在喜剧中取笑神，并不觉得是对神的不敬。古希腊人的神性给了人性以希望，人性反过来从神性中间找到启示。这就牵扯出一个问题了，在古希腊，怎样去界定神性和人性？

唯一的一个区别就是，神是不死的，人是终究要死的。

古希腊世界其实是一个神灵的世界。人们普遍比较信神，每个城邦的中心就是神庙。也就是说，宗教崇拜的程度，应该比中国古代社会要广泛和深入。在希腊，宗教节日就决定了人们的生活节奏，平均来讲，希腊城邦每年有70天是宗教节日，先不管他们的虔诚程度，就是从形式上讲，祭神拜神、宗教仪式，在他们生活的方方面面都反映出来了。另外从仪式上讲，仪式的具体内容有很多相似性，比如说拜神的时候都是献祭，宰杀牲畜，举行一定的仪式。这些和我们国家对神的祭拜也差不多，只是可能有一个数量的多少问题；但希腊的神还有一个特点，能反映出他跟人更相近，或者他跟其他地方的神不一样，希腊的神也摆脱不了命运，就是说人逃脱不了命运，神也逃脱不了命运。

希腊的神有更强烈的世俗色彩，更能反映出一种时代色彩，一种希腊的精神。也就是说，希腊的神更具有反叛精神，类似孙悟空这样形象的神，在希腊能找到更多。孙悟空在中国的传说里，虽然很有神力，但是很难进入正统的神界，但是在希腊就不一样，有反叛精神的神，在神界也是非常活跃，有一定的地位。

但是除了反叛的精神，希腊人一直追求一种个人价值的实现，这在神的性格上面也有体现。希腊哲学家说：人是万物的尺度。希腊人特别强调人的价值，怎么能最大限度地发挥出来？人的潜力怎么能开发得最多？这一点，也是希腊理性主义的一大特色。有句话说，智慧没有童年。也就是说古代的人，可能和今天的人一样有高度的智慧，所以我们今天看古希腊人的智慧就深受启发，在这种不断地认识自己、不断探索的精神里面，找到了一种力量。这是希腊独特的一点，也是它的文明给我们最大的一点启示。

面对古代的这些文明遗存的时候，今人能够思考的东西更多，因为我们要给后来的人看我们今天留下什么内容，这是我们的历史责任，也是历史参与。

06

梵蒂冈博物馆

梵蒂冈博物馆位于意大利罗马圣彼得教堂的北面，是世界上最古老的博物馆之一。博物馆始建于公元5世纪末，原为教皇宫廷，后改为博物馆，总面积5.5万平方米，共分为12个不同类型的陈列馆和5个艺术长廊，还包括屋顶花园。参观梵蒂冈博物馆，一进门就可以看到地上有几种颜

《创世记》天顶画全景

米开朗琪罗(意大利)作。绘画的中心部分由《圣经——创世记》中的9个故事组成，分别是《神分开光明与黑暗》《神创造日月星辰》《神分开水和陆地》《创造亚当》《创造夏娃》《人类的堕落》《大洪水》《诺亚祭献》《诺亚醉酒》

《最后的审判》(壁画)

这是米开朗琪罗从1535年到1541年，花了6年时间为西斯廷教堂所作的祭坛画，场面恢宏，人物众多，分为天上、人间、地狱三个空间

色的引导路线，它是按小时计算路程，最短的是两个小时。博物馆全称是梵蒂冈博物馆和艺术陈列馆，其中世界闻名的西斯廷小教堂和文艺复兴时期艺术三杰之一的拉斐尔作品陈列馆是梵蒂冈博物馆的镇馆之宝。

在西斯廷小教堂里，长方形的礼拜堂两侧共有12幅壁画，左侧六面描写以色列救星摩西的生平；右侧6幅描绘耶稣的生平。而世界名作穹顶画《创世记》、巨幅壁画《最后的审判》，它们都以宗教故事为主题，出自一

《从黑暗中分出光》

《创世记》

天顶画的一部分

《圣体的争论》

《圣体的争论》局部

拉斐尔(意大利)作。画面中间的祭坛上放着作为圣餐(即圣体)象征的圣饼。圣父在画面的最高处,两侧有诸神与天使,圣父下面是光环中的耶稣,耶稣两边是圣母与施洗约翰,各路先知与使徒们分坐在两侧。浮云下面是人间的人物

《基督生活场景》

代巨匠米开朗琪罗一人之手笔。《创世记》为天花板上的天顶画,面积300平方米,由9幅中心画面组成,画出上帝创造世界的过程。画中的343个人物,个个都是理想化、英雄化、大力士型的,充分表现了人体的力量美。"我的胡子向着天,我的头颅弯向着肩,胸部像头枭。画笔上滴下的颜色在我的脸上形成富丽的图案。腰缩向腹部的地位,臀部变成称星,压平我全身的重量。我再也看不清楚了,走路也徒然摸索几步。我的皮肉,在前身拉长了,在后背缩短了,仿佛是一张弓。"这是米开朗琪罗对他5年工作状态的描述,为了完成天顶画,米开朗琪罗在5年之中天天仰卧在高高的台架上。在工程完工之后的几个月内,米开朗琪罗的眼睛不能平视,连看

一封信也必须拿起来仰视。米开朗琪罗正是用这种生命的代价完成了天顶画，而他留给后人的是不朽的宏伟而严谨、富丽而庄严，正像《创世记》中“创造亚当”的神指与人指的接触，表现得是那么的微妙。尽管米开朗琪罗在艺术语言方面给予人们无限的解说空间，但是，人们对他那种工作精神的敬佩，同样成为审视这一艺术巨作的一个重要方面。

《最后的审判》是《创世记》天顶画的继续和发展，位于正面壁上，充满绝望阴沉的气息。该画描绘的是世界末日来临时，基督把万民召集在自己面前，分出善恶，善者升入天堂，恶者则被打入地狱。艺术家通过上帝分辨善恶，表达了自己爱憎分明的情感。

而拉斐尔则于1508年—1518年为梵蒂冈作壁画10年，建立了他的画室，总称为《教权的建立和巩固》，以天花板壁画《雅典学院》驰誉于世，是拉斐尔在25岁左右的作品，4幅主画为：《圣体的争论》《雅典学院》《三

《帕纳索斯山》

意大利画家拉斐尔创作。阿波罗是希腊文化守护神，帕纳索斯山是阿波罗神庙所在地。这幅画以阿波罗为中心，把诗神、乐神等诸神以及大诗人集合起来在帕纳索斯山，其中包括荷马和但丁

《雅典学院》

拉斐尔（意大利）作。此画以古希腊哲学家柏拉图所建的雅典学院为题，以古代7种自由艺术——语法、修辞、逻辑、数学、几何、音乐、天文为基础，以表彰人类对智慧和真理的追求

《摩西生活场景：水中获救》

拉斐尔（意大利）创作

大德性》《帕纳索斯山》。此外，艾略多罗室的作品则以表现神意和奇迹的主题为焦点，《希略多拉斯的放逐》描绘耶路撒冷遭掠夺的景象，《波塞纳的神奇弥撒》则表现足与提香媲美的色彩光辉。拉斐尔回廊内的画作取材于旧约圣经，因此又被称为“拉斐尔的圣经”。回廊内最著名的画作为《波尔哥的火灾》。

此外，馆中还收藏了F. 安杰利科、S. 波提切利、佩鲁吉诺、D. 吉兰达约等文艺复兴大师的画作。希腊、罗马古典雕像名作《观景楼的阿波罗》《拉奥孔》也陈列在这里。博物馆的图书馆内现有欧洲显族世家原来收藏的数万件手抄本，还有各教堂原藏的大量典籍、版画、古版书以及马丁·路德、米开朗琪罗等名人书稿手迹。此外，还分设了恰拉蒙蒂博物馆、格列高列·埃特鲁斯坎博物馆及埃及博物馆等分馆，除雕塑和绘画外，还陈列大批牙雕和金银工艺饰品。

07

东京国立博物馆

东京国立博物馆是日本最早也是最大的博物馆，位于东京都上野公园。博物馆创建于明治四年（1871年），起源于1872年的维也纳万国博览会。由于当时参与展览的作品移师到汤岛圣堂大成殿和劝业博览会展出，因而促成了博物馆的成立。1889年改为帝室博物馆，1900年改名东京帝室博物馆，“二战”后正式定名为东京国立博物馆。

博物馆的建筑主体是花岗岩，建筑仿造古代希腊、罗马的建筑式样。

表庆馆

1962年开馆，是为大正天皇结婚纪念而建，耗时7年，为明治末期具有代表性的西式建筑，也是重要的文化遗产

从平面上看，建筑物是两层钢筋结构，中央有圆形天井，两端安置了圆形屋顶并设计成楼梯间。陈列室使用自然采光的方法。此外，正门入口处摆放了两只由大熊氏广和沼田一雅制作的青铜狮子。

博物馆由4个馆组成，陈列室总面积1.4万余平方米，主要收藏和展出日本古代历史文物和美术珍品共10多万件，其中有400件是重要文物，70件被定为国宝。展品按雕刻、染织、金工、武具、刀剑、陶瓷、建筑、绘画、漆工、书道等分类，反映了日本各个时期的文化艺术和人民生活的概貌。馆后方为广阔的日式庭院，也是值得欣赏之处。

在馆内顶级文物中有一批是来自中国的，主要包括宋元时代的绘画、中国的古典文学（如《王勃集》）和中国的书法等文物。而仅仅是在宋元时代的绘画中，就有南宋李生的《潇湘卧游图卷》、南宋李迪的《红白芙蓉图》、南宋梁楷的《雪景山水图》和元代因陀罗的《禅机图断简寒山拾得图》4幅作品获得了“日本国宝”桂冠。

《孔雀明王像》

佛经中，孔雀明王是食毒蛇的孔雀神格化之后的象征。此图为日本平安朝后期典型的佛像画，被视为国宝

李迪《红白芙蓉图》

李迪为南宋画院的花鸟画家。画中盛开的牡丹，就装饰性与写实性而言，都是非常杰出的作品，是南宋时期折枝花卉的代表作之一

表庆馆是一座明治末年建筑，明治三十三年（1900年）的五月十日，皇太子（大正天皇）大婚。为了对太子大婚表示庆祝，以涉泽荣一、千家尊福为中心成立了东宫御庆事奉祝会。此会的目的是要在东京市中心建立一座美术馆作为敬献给天皇的礼物，并由此开始广募贤才。全国赞成建设美术馆的人士达到23 917人，得到的捐赠金有408 501日元。同年的10月27日，美术馆馆址被定在上野公园，所有的设计工作均由宫内省技师片山东熊完成。从明治三十四年（1901年）开工起，美术馆共耗时7年，于明治四十一年九月二十九日竣工，十月十日由奉祝会敬献给天皇。随后，在十一月三十日，这所奉献美术馆被命名为“表庆馆”，移交给东京帝室博物馆管理。1909年开馆，设9个陈列室，按时代分类展出史前时代至

《普贤菩萨像》

佛经中，普贤菩萨为了信奉《法华经》的信徒，乘着六牙白象来到这个世界。图中的普贤在繁花纷飞的景象中，搭乘着白象，上身微倾，双手合十，神态庄重

历史时代的日本考古发掘遗物，有石器、绳纹、弥生式陶器、填轮、汉式镜、铜铎、陶瓷器等珍品。法隆寺宝物馆于1964年开馆，设3个陈列室，专门展出明治初年法隆寺向宫廷献纳的各种宝物。

东洋馆是1968年开放的新馆，设10个陈列室，分综合陈列、埃及艺术、西亚、东南亚艺术、中国艺术、朝鲜艺术和西域艺术等部门，展出日本以外的东方各国各地区的艺术品和考古遗物。在这里可以看到琳琅满目的商周青铜器和玉器，春秋战国以后的各种铜器、漆器、唐三彩、瓷器等，汉晋南北朝的各种石刻造像，历代书法绘画等。

露天陈列有迁移来的黑门、校仓等建筑，还有石棺、石像、石兽、石柱等。该馆设总务部、学艺部和资料部开展管理、科学研究、教育普及工作，出版有《东京国立博物馆美术志》月刊，每月举办讲演会。此外还制作反映该馆陈列的电影片、馆藏文物幻灯片供学校和社会教育机构使用。该馆新建了建筑面积6 434平方米的资料馆，1984年开馆。

镇馆之宝有《普贤菩萨像》《松林屏风图》，以及展现桃山时期狩野派豪迈强韧、粗犷大意风格的狩野派宗师狩野永德的“桧画”。另外，法隆寺宝物馆所珍藏古飞鸟时期和白凤时期的古老文物，也极具历史意义和文物价值。

08

希腊国立博物馆

希腊国立考古博物馆在一座漂亮的新古典主义建筑里，是希腊最大的古文物博物馆，也是全世界最好的博物馆之一，建于1866年—1889年，以收藏希腊所发掘的2500年以上遗物为主：无数的古代雕像、陶器、黄金和金属工艺品以及绘画作品，其他各个时期的文物，从远古时期到黄金年代，直至罗马帝国时期。博物馆有大厅、陈列室等50多个房间，收藏

《苏格拉底雕像》

苏格拉底是古希腊著名的哲学家，他和他的学生柏拉图及柏拉图的学生亚里士多德被并称为“希腊三贤”

克里特·诺萨斯宫壁画

诺萨斯宫是古希腊传说中弥诺斯王的王宫，画在宫墙上、走廊上的别具特色的壁画，生动地表现了克里特人的生活场景

文物近2万件，尤以古代大理石铜像最为著名。

博物馆分为两层展示馆，共有50间展示室，里面摆满了来自各个时期的文物，通常得花半天的时间才能看完。如果时间不够，建议挑重点文物欣赏。从博物馆正门进入，首先来到的是迈锡尼展示室，里面收藏着“阿加伽门农黄金面具”，是迈锡尼国王阿伽门农死后，依其面貌所制成的黄金面罩，是强盛一时的迈锡尼文明的最好明证；此外还有迈锡尼青铜时期的珠宝及陶器，以及从伯罗奔尼撒半岛出土的史前文物。

位于第15室的海神波赛冬铜像，第21室的《少年和马》和左侧依年代展示的Kouroi站立人像，都是不可错过的收藏。

二楼有从圣托里尼南部的Akrotiri出土的壁画，壁画上描绘古希腊日常生活的情形，如打拳的少年、航海图等。这些壁画在公元前1500年时因火山爆发被埋没于地下，现在在岛上的都是复制的壁画。

二楼其他的展示室陈列了古希腊人日常生活用的红色及黑色的瓶子，上面画着几何图案。

博物馆收藏了希腊所有古代遗迹的精华，是认识希腊古文明最生动的教材。

奥林匹斯山诸神

阿波罗　宙斯同女神勒托之子。阿波罗神的主要神性是太阳神，他的别名“福玻斯”，意思是“光亮的”。他还是艺术之神，古代人把他刻画为弹着竖琴的英俊青年

雅典娜　是众神之王宙斯和智慧女神所生，所以她兼有威武和智慧双重美德。雅典娜是雅典城的女保护神，雅典即以女神而得名

阿佛洛狄忒　宙斯同海洋女神之女，是古代最著名的爱和美的女神（古罗马人叫她维纳斯），等同于爱和美的化身

09

伊拉克国家博物馆

伊拉克国家博物馆位于巴格达库尔哈区，是一所综合性博物馆，占地4.5万平方米，建筑面积11 500平方米，地面建筑二层，地下一层。建筑布局为四方形，中间为露天花园，大门前矗立着一尊公元8世纪卡萨奇清真寺武士雕像。它包括伊拉克文物总局办公室、会议厅，有250个座位的电影厅、图书馆、图书文献资料库和文物贮藏库。它始建于20世纪20年代，是伊拉克最早建立的、藏品最丰富的博物馆，被联合国教科文组织列为世

苏美尔时期圆柱形印章图案

苏美尔文明实际是城市、城邦文明。苏美尔人是世界历史上最早建立城市的民族。早在公元前4300年至公元前3500年，苏美尔人就在两河流域内部平原上建立了不少城市，如欧贝德、埃利都、乌尔、乌鲁克等

亚述石碑

这块精美的石碑是在亚述尔城出土的，石碑表现的是公元前13世纪的亚述王先是跪着，然后站着，在书写之神纳布的祭坛前向文字表示敬意。祭坛的形状和石碑的形状一模一样，石碑本身也是供人敬拜的

笑脸牙雕

伊拉克尼姆鲁德出土的象牙雕塑，制作时间为公元前八九世纪。这件笑脸雕塑被称为“尼姆鲁德的蒙娜丽莎”，是1952年英国发掘者发现的

界第十一大博物馆。

博物馆共有28个展厅，曾收藏了1950年以来幼发拉底河与底格里斯河流域（简称“两河流域”）出土的大量文物，包括远古时期曾在两河流域生息过的各民族、各个时代的珍贵文物，展现了不同民族创造的既一脉相承，又各具特色的灿烂文化。

博物馆内的图书馆还曾收藏近6 000种手稿和约7万册各种文字的书籍，是研究两河流域文明不可缺少的文化宝藏，其中公元前4000年苏美尔时期用楔形文字刻在胶泥版上的文献和史诗更是绝世珍宝。

馆内珍宝以年代顺序进行排列，按它们的历史阶段分别被陈列在20个大厅内。在石器时代和史前文明这两个展厅里，可以看到早期人类所使用的物品和工具，时间距今10万年到1万年前，属于旧石器时代。在这

挂饰和项链

1989年在伊拉克尼姆鲁德出土。挂饰由黄金颗粒做成，上面镶嵌着次等宝石。项链上悬挂着28个垂饰，沉重异常，做工精美绝伦

两个厅内有一些最能表现古代伊拉克的村落和城镇文明特征的展品。这些文明的阶段通常被称为“史前时代”。

在苏美尔文明展厅中可以看到由伊拉克人和外国探险家从多个苏美尔人聚集城市挖掘出土的珍品。在这一阶段，手写方式的出现是伊拉克文明中最重要的事件。

接下来是阿卡德、古巴比伦和喀斯特文明，重要展品包括阿卡德萨贡青铜头像、雪花石浮雕和一个密封性能完好的容器。古巴比伦时期的文明尤以能反映当时历史、社会、文化和宗教信息的文件为标志；知识和文化在这一时期得到广泛传播，而巴比伦城市则成了最优秀的教育和文化中心。伊拉克文物理事会在巴格达附近的特勒哈玛尔发现了超过3 000个这一时期的陶土碑，上面刻有与数学、文学、政府和与法律相关的文字。

古币区则展有多达1 600枚珍贵古币。这些古币多以年代顺序和出处摆放。

亚述雕塑品展厅是伊拉克国家博物馆中最大的一个厅。这里放有巨大的雕像和雕塑，这些雕像和雕塑曾被放在伊拉克宫殿、豪尔萨巴德和尼姆罗德城市入口处的墙上、宫殿表面和庭院内。在这些展品中，著名的有有翼的公牛雕像和亚述王的雕像。

伊拉克十分重视文物保护，在20世纪20年代颁布了《文物法》，对非法挖掘与偷盗、走私文物有严厉的法律规定。1990年以前，伊拉克文物部管理着所有的文化遗址和文物，全国没有发现任何非法的考古挖掘和文物走私活动。

然而，战争改变了伊拉克国家博物馆的命运。1990年海湾危机期间，伊拉克政府为保护馆内文物，曾转移了一些最精美的珍宝、雕像、陶器等宝贵工艺品。此后该博物馆关闭达8年之久。

馆内目前镇馆之宝包括举世闻名的尼姆鲁德珍宝在内的一批珍贵文物。被誉为20世纪最重大考古发现之一的尼姆鲁德珍宝包括数百件公元前9世纪亚述时期的精美首饰。20世纪80年代末，考古学家在位于伊拉克北部古城尼姆鲁德的4座王室陵墓中发掘出这批文物。自1991年海湾战争，这批文物一直藏在伊拉克中央银行的地下保险库里。

尼姆鲁德出土的垂饰

这件垂饰是1989年在伊拉克尼姆鲁德的一处皇后墓中发现的。它产于公元前8世纪。垂饰四周由精美的黄金颗粒镶边

釉陶面具

公元前1300年制作。面具的一双杏核眼大睁着，还戴着装饰性的玻璃珠子，为研究古代亚述城市的玻璃制造业提供了宝贵例证

黏土雕像

这个黏土雕像有4300年历史，1992年发现于幼发拉底河沿岸的一个遗址。这是已知的刻画被驯养的马的最早的雕像

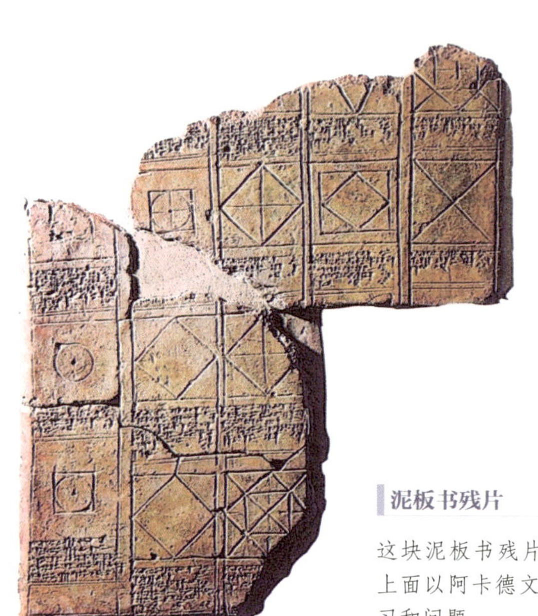

泥板书残片

这块泥板书残片已有3800年历史，泥板上面以阿卡德文字列出了一系列几何练习和问题

10

奥地利盔甲博物馆

奥地利在德文中的原意是“东方帝国”。14至17世纪时的奥地利是由德意志系的哈布斯堡家族所统治，1500年以后的150多年中，哈布斯堡家族几乎成为主宰欧洲的政治和宗教势力。事实上，哈布斯堡王朝是由西班牙系和德意志系成员所统治的王国、公国和省份所组成，哈布斯堡王朝联合体的领土分布在整个欧洲大陆上，但王室的起源是奥地利，后来通过婚姻和继承权而获得了广大但不连在一起的领土。

哈布斯堡的领地包括奥地利、西班牙、匈牙利、波希米亚、尼德兰、西西里、那不勒斯和撒丁岛等，紧接着奥地利的匈牙利南部就是土耳其的鄂图曼帝国。无嗣的匈牙利国王就是在与土耳其人作战阵亡后才将匈牙利领地过继给奥地利哈布斯堡的查理皇帝。

德国MP5系列冲锋枪

德国MP5系列冲锋枪1965年由德国HK公司以G3步枪为基础研制而成的，第二年开始装备德国公安和边防警察部队

奥地利在16—17世纪饱受土耳其人入侵之苦。16世纪初，土耳其的鄂图曼帝国开始向外扩张，以强大的陆军和海军攻下克里米亚、保加利亚、塞尔维亚、巴勒斯坦和埃及，并夺下最重要的城市，包括大马士革及君士坦丁堡等，鄂图曼帝国的海军控制了整个黑海和地中海的东部，并经常袭击意大利、西班牙和北非，甚至在1529年和1683年两次包围维也纳。

格拉茨市是现代奥地利的第二大都市，位于奥地利和匈牙利的边境。该市在中世纪时是奥地利向南用兵的中枢、转运站和边防重地，市区的Zeughaus（德语军械库之意）就是中世纪时奥地利对土耳其军作战用的武器库。建筑物本身是在1642年建成的，现仍藏有近3万件以上的甲胄和冷兵器，是一所规模相当大的中世纪武器和甲胄的博物馆，也是世界著名的十大博物馆之一。

馆内第一层主要存放各式轻重火器、一些步兵用的黑色铁制胸甲和轻骑兵用的甲胄。此层楼内大量存放的各式火枪包括火绳枪、燧发枪、轮发火机枪等。

火药传入欧洲，结束了城堡时代，火绳枪的发明则造成了盔甲的没落。人类的进步，改变了历史与传统。火绳枪最早于15世纪初出现于欧洲，早期是发射石弹，后来改为发射铅弹或铁弹，是一种从枪口用木制通条装填弹药、再用火绳点火发射的火枪，这种火枪的口径通常在23毫米以内，重8~10千克，弹丸重约9克，射程150~250米。

16世纪初期出现的长管火绳枪配有特制的金属或木制的独脚枪架，用以稳定瞄准射击，有些枪架的设计也可作为短战型的劈刺兵器。装备火枪的步兵称为火枪兵，火枪兵往往配有负责搬运火枪及其附属品的助手，同时为了减轻射击时强大的后坐力，火枪兵的肩垫有枪托抵肩用的皮垫。

17世纪初开始出现较轻便的火绳枪，不必带枪架和肩垫，口径约18毫米，枪身重5千克，弹丸重34克，弹丸和发射药装在同一纸筒内，纸筒的前部是弹丸，后部是发射药。装填前先撕开纸筒尾端的纸，将小部分发射

菲律宾霰弹枪

霰弹枪填补了手枪和步枪之间的空白地带，不但能在较近距离射击各种活动目标，也可以在百米以外进行精度较高的点射

药倒入火绳枪机的火药池内，其余的发射药连同弹丸倒入枪膛内，然后以通条压实枪膛内的发射药和弹丸。

燧发枪于17世纪末开始出现。和火绳枪相比，燧发枪用燧石枪机点燃装药，发射速度较快，口径小、重量轻且后坐力小，燧发枪口径约在20毫米以下，带刺刀时全重5~5.5千克，弹丸重32克，燧石枪机上的火镰同时又是火门的盖，枪托的弯曲度较大，便于瞄准和提高射击精度。

45磅（约20千克）重的钢制臼炮，前方白色球状物为其炮弹，此炮的主要用途是攻击城堡和野战临时攻势。

第二层和第三层存放步兵、轻骑兵和重装骑兵的甲胄。甲胄主要由胸甲、头盔、叶片甲、金甲、脸甲和颈甲组成。胸甲可保护士兵的胸、避免受冷兵器和火器的杀伤，以胸板和背板组成，上面用环扣和铰链连接，下面用皮带系紧。胸甲有时有压制的花纹或镶嵌着饰物，但通常只有军官和贵族阶级才有特权在胸甲上雕刻花纹，而且花纹和饰物多寡皆按阶级而定。胸甲重量约6~10千克，厚1~3毫米。

头盔用于保护士兵的头部，通常和脸甲共同组成完整的头部保护甲胄。脸甲可以和头盔固定在一起，也可以掀起，脸甲开有两个眼孔和几个呼吸孔。有些头盔实际上没有脸甲，只有一窄条状的金属片，称为护鼻，由脸盔帽檐下垂至脸部中央。

叶片甲分为叶子甲和鱼鳞甲两种，火器广泛使用后的叶片甲演变成分别保护躯体和四肢等部分的厚金属局部护甲。叶片甲是骑兵的主要防

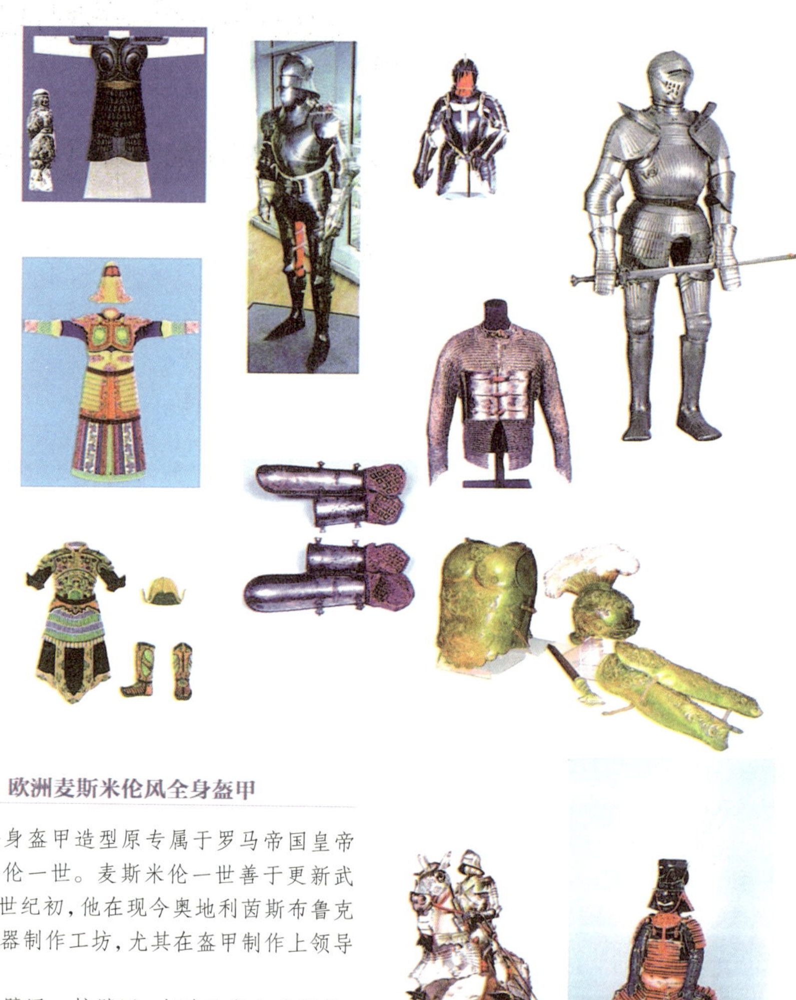

盔甲：欧洲麦斯米伦风全身盔甲

此件全身盔甲造型原专属于罗马帝国皇帝麦斯米伦一世。麦斯米伦一世善于更新武器，16世纪初，他在现今奥地利茵斯布鲁克城设兵器制作工坊，尤其在盔甲制作上领导流行

波斯护臂甲　护臂甲，有时只有右手佩戴，前端有布片和铁片，用以保护手背。为表示华丽通常会装饰金或银的花纹

护器具，后来成为重骑兵的装具。

头甲是以销子甲或叶片甲组成，用于保护士兵的后脑、头部、肩膀和肩胛骨。销子甲是由金属环连接制成，固定在头盔边缘，垂放于双肩上，或是以环索连接整块打造成形的金属片制成。

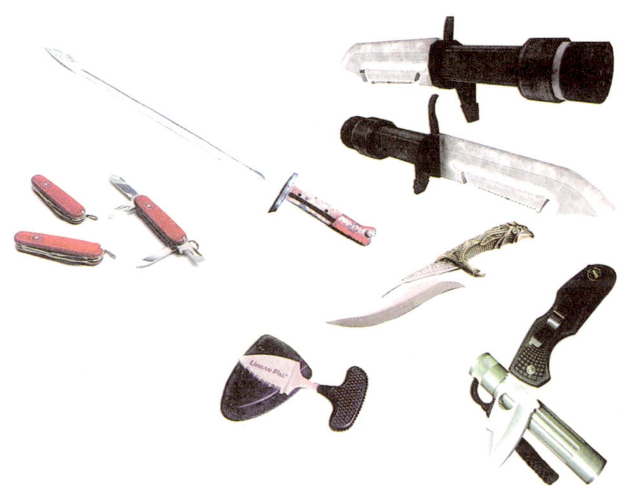

15世纪初，火器的威力较弱，因而甲胄能够有效地阻挡弹丸。这里偶尔出现一些有趣的现象，因为甲胄有时也不能抵挡强力弓弩射出的箭矢。15世纪末，由于火器威力不断地加强，甲胄的防护作用就逐渐减少，最后甲胄特别是胸甲，变成步兵、骑兵或御林军的仪仗装具。但甲胄的淘汰更换速度是缓慢而逐渐的，由火器开始出现至甲胄完全淘汰，经过了150年以上的时间。

第四层主要存放冷兵器，除了其中一部分冷兵器是来自历次战役中土耳其军遗留在战场上的战利品外，其余均是奥地利产的冷兵器。

冷兵器一般构造都很简单，通常用于白刃战斗，按其使用特点，可分为打击兵器，例如狼牙棒、流星锤；刺杀兵器，例如剑、长矛、长枪、刺刀等；砍劈兵器，例如战斧、钺、镰等；以及两用刺劈或劈拉兵器，例如军刀、戟、马刀等。

冷兵器随着生产技术水准的提升而不断地改善，但其质量特性是随军事上的需求而决定的。16世纪之前，冷兵器是主要武器，击射火器出现后，冷兵器逐渐丧失其主要地位，但其中一部分仍用来补充轻火器战斗能力的不足，继续保存在军械装备中，甚至有些冷兵器，例如刺刀、剑和军刀，被保留作为仪仗用或奖赏用的荣誉象征。

11

德国森根堡自然博物馆

建在法兰克福市的森根堡自然博物馆是德国最大的自然博物馆，也是世界上最著名的博物馆之一。

1763年，以德国著名医生和大慈善家森根堡先生的遗产建立了森根堡基金会，用来促进科学的发展。1815年，德国最伟大的诗人和文学家歌

霸王龙骨架

霸王龙的拉丁文学名(tyrannosaurus rex)的含义是“残暴的蜥蜴王”，生活在6500万年—7000万年前的白垩纪晚期，主要分布在北美国家、蒙古国以及中国

合川马门溪龙骨架

生活于晚侏罗纪的食草类恐龙，体形高大而雄伟，从头顶到尾尖全长达22米，身高为3.5米，估计体重可达26吨。合川马门溪龙的最大特点就是颈部特别长，达9米，是现生长颈鹿颈部长度的3倍

三叶虫化石

三叶虫属古生节肢动物，属三叶虫纲，生于海底，其种类繁多，大小不一，从1厘米至1米，生于寒武纪(距今约6亿年)，至奥陶纪(距今约4.5亿年)最盛，三叠纪晚期灭绝(距今约1.8亿年)

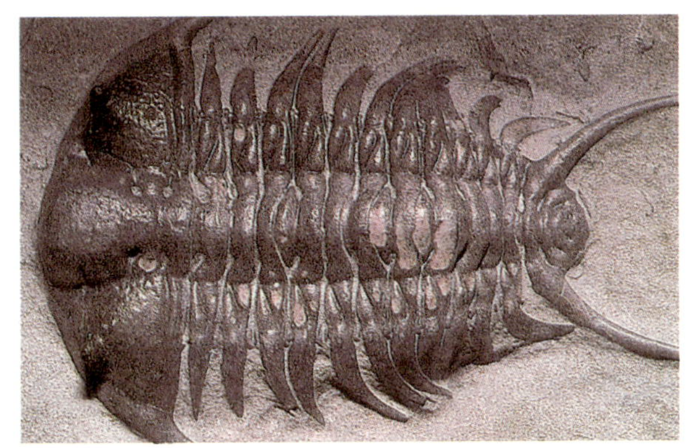

德回他的出生地法兰克福探访时参观了森根堡基金会，并首先提出创建森根堡自然协会的倡议。1817年11月22日，法兰克福的17位自由公民自发地组成了民间性的森根堡自然研究协会，靠私人的捐款开展各种活动。1818年，协会开始筹建博物馆。贝特曼先生在这一年一次就捐赠了3 000古尔盾金币，并在随后每年都向协会捐赠相当数量的款项。1883年，包什先生将高达80万马克的遗产捐赠给森根堡自然研究协会，使其在很多年里获得了工作保障。此外，还有许多人向森根堡博物馆捐赠了许多珍贵的私人收藏品作为展品。

在创始后的100多年里，森根堡自然研究协会的工作人员都是自愿组成的。直到1901年，才有1人开始得到政府津贴；到1950年，领政府工资的工作人员只有10人。森根堡博物馆的发展与所有这些工作人员对自然科学的执着热爱和无私奉献是密不可分的。第二次世界大战时期，德国遭受了严重创伤，许多城市被炸成废墟，森根堡自然研究协会的十几位会员自发地将博物馆的藏品转移隐蔽起来，最终使100多年来收集的馆藏完整地保存了下来，避免了被战争破坏。

森根堡自然研究协会创始之初只有17名会员，现在会员人数已经发展到4 500人，此外还有大量的通信会员和荣誉会员，其中包括歌德、达尔文、居维叶、黑格尔等许多世界著名的诗人、科学家和哲学家。最令他

2亿年前的爬行动物化石

化石是动物或植物死亡后的残体经过长时间而没有腐烂，数年后成为地壳的一部分

鹦鹉螺化石

鹦鹉螺属于头足纲四鳃亚纲鹦鹉螺目的软体动物及贝类动物。鹦鹉螺现有的种类不多，但化石的种类多达2 500种，这些在古生代高度繁荣的种群，构成了重要的地层指标

们骄傲的是，魏格纳关于大陆漂移学说的第一个学术报告就是在森根堡自然博物馆里做的。大陆漂移学说对地质学界的革命性作用就像爱因斯坦的相对论在物理学界中的重要作用一样，具有深远的影响。

森根堡自然博物馆从世界各地收集的动植物标本、古生物化石标本和矿物岩石标本有数百万件，许多馆藏都是稀世之宝。其中的古生物展品非常丰富，包括各种古鱼类、恐龙、鱼龙、翼龙、始祖鸟和哺乳动物等各种门类。博物馆中的陈列也非常讲究，例如其中的象类展厅，以各种古象的臼齿化石为实证反映了象类的起源与演化关系，然后以这些象类化石为依据形象地绘制出象类在地球上发展、散布和演化的过程图，给观众以直观的印象，最后，将几种大象的骨架和同等大小的复原模型与现代鲸鱼的巨大骨架陈列在一起，使观众感受到生物界里各种生物“万类霜天竞自由”般的奇异。

森根堡自然博物馆不仅将自身的展览设计实施得完美无瑕，而且还设立了专门的博物馆教育计划，德国中小学生到博物馆里来接受自然科学教育已经成了必修课之一。在这里，学生不仅参观，还要回答参观试卷上提出的各种问题作为成绩考核。据1989年统计，这一年来森根堡自然博物馆参观的观众人数达30万，其中45%是成年人，55%是中小学生。森根堡自然博物馆已经成了一所自然科学的启蒙大学校。

鱼化石

距今2.2亿年前，发现于法国的二叠纪地层。研究化石可以了解生物的演化并能帮助确定地层的年代

12

皇家马来西亚三军历史博物馆

皇家马来西亚三军历史博物馆由数栋单层营房构成，位于马来西亚国防部所在的营区内，现址所在地是于1985年选定的。博物馆共分5个不同主题的展示馆，其中，一馆为太平洋战争，二馆为马来亚内战，三馆为名将录，四馆为英雄榜，五馆为联合国维和行动。

一馆是博物馆的精华所在，入口处有两座小亭，一座里面放着一辆“二战”时英军所用的通用装甲侦察车。这种轻型装甲车仅重4.3吨，乘员三人，使用一台福特V-8发动机，是由英国布伦公司制造的。另一座则放着马来亚（马来西亚王国刚独立时的国名）在内战期间所使用的戴姆勒侦察车，该车是“二战”期间英军普遍使用的装甲车，由英国BSA有限公司制造，使用一台戴姆勒六缸汽油机，乘员三人，武器为一门两磅炮，这辆战车的炮塔上有当年皇家马来亚陆军军徽，显得十分醒目。

太平洋战争对马来西亚人民来说，是一段挥之不去的惨痛记忆。当年日军从泰国宋卡湾登陆，仅用了两个月零七天的时间，打败主要由英国、澳大利亚和印度部队组成的盟军，占领了整个马来半岛。一馆所陈列的就是这一段时期的历史文物，包括当年日军作战路线图、几次主要战役的说明及英军马来亚作战的战斗序列、日军和盟军代表性的轻型装备与军服、马来亚步兵旅的作战纪录等。最令人注意的是“马来亚的沦陷”和“新加坡的投降”这一段战史。

经历过了惨痛的战争，今天的马来西亚和新加坡，除了致力于经济发展外，更全力加强国防建设。目前，马来西亚除已采购米格-29和F/A-18战斗机外，还决定购买12架俄罗斯的苏-30MKM战斗轰炸机；而新加坡则拥有东盟十国中实力最强的空军。

二馆主要描述马来西亚在1948年6月16日到1960年7月31日之间12年内战的内容。

三馆的名将录，均以马来西亚历年来的参谋总长为对象，有绘制的肖像，并收集其制服、勋章，还叙述其人其事供后人瞻仰。

四馆的英雄榜，则记述和保存了“二战”和支持联合国和平任务期间，马来西亚军人的战斗英雄事迹。二次大战时，在马来半岛作战的英国马来亚指挥部，共辖有两个马来步兵旅、一个印度军、一个印度步兵旅、一个澳大利亚师和其英军步兵团，在这时期内，共产生了3位马来西亚的战斗英雄。

五馆展示的是有关维和的装备和资料。马来西亚在二次大战结束后近50年来，一共派遣过将近3 200人次的部队，参加刚果、两伊战争、纳米比亚、海湾战争、莫桑比克和柬埔寨等维和任务。最近的一次是在科索沃，马来西亚应联合国的请求，派出一支营级的和平部队。

该馆外面还设有室外展示区，分别放置着CL-41G教练机、马来西亚海军的臼炮、机炮和各式各样的装甲车、侦察车与野战炮。

13

荷兰木鞋博物馆

到了荷兰，怎能错过鼎鼎大名的荷兰木鞋？荷兰从未停止过制造木鞋，因为木鞋是最受欢迎的纪念品，在乡村的市集有机会亲眼看到手工制作木鞋。而在荷兰著名的风车村De Zaanse Schans里的木鞋博物馆，则在世界上颇具知名度。

馆内展示许多古老的荷兰木鞋和照片，墙上照片中的男女老少都穿着看起来又大又笨重的木鞋，橱窗里甚至摆着一双包着白色丝绸布的雕花新娘木鞋。这里收藏了世界上最丰富、最精彩的各类"木鞋"，想象不出还有哪个民族能够像荷兰人一样宠爱鞋子。随着社会发展和科技进步，荷兰木鞋的原始功能几乎消失殆尽，木鞋完全演变成一种抽象概念和精神寄托。所谓木鞋，早已超出了木头的范畴，仅从材料上分就有几十种之多，如黄金、白银、青铜、铝合金、钻石、水晶、玉石、翡翠、玛瑙、塑料、橡胶、玻璃、石头等。从型号上分，70％的木鞋跟实鞋大小相同，30％是"特号"的。最大的巨型木鞋如同一艘能乘几十人的木船，最小的微型木鞋一个火柴盒里能放置12双。从用途上分，有旅游鞋、钉子鞋、冰鞋、旱冰鞋、高跷鞋、登山鞋等。博物馆设有十几个专柜，展出了近百年来世界各国元首、总统、王室成员赠送荷兰的"木鞋"，这些由各种材料制成的木鞋应属精

木鞋

取材于荷兰特有的一种坚硬且无花纹的杨树。由于容易清洗，原料便宜，且到处都有，加工起来也不是很困难，所以荷兰人几乎都会制作木鞋。木鞋同时也是最安全的劳动防护靴，因为它可以有效地保护脚趾

荷兰木鞋

木鞋作坊

品中之精品，是世界顶尖级的“鞋”，据说大部分万金难买，实在让人大饱眼福。

木鞋是与风车、郁金香齐名的“荷兰三宝”。身穿民族服饰，脚趿荷兰木鞋，这是荷兰男子最常见的民族打扮。据说荷兰人穿木鞋是为适应荷兰地理环境，荷兰属“低洼之国”，几乎一半的土地浸泡在水中，冬天寒冷潮湿，地上结冰。以前，贫穷的农民买不起鞋子，又不能赤脚在结冰的地上走，于是就把木头雕空制成鞋底厚实、鞋头上翘的船形鞋，鞋内填充稻草，可以御寒。这种鞋穿在脚上又舒服又暖和，在淤泥地行走特别轻巧利

荷兰风车

荷兰被称作“风车之国”。荷兰坐落在地球盛行的西风带，一年四季盛吹西风。同时它濒临大西洋，又是典型的海洋性气候国家，海陆风长年不息。这就给缺乏水力、动力资源的荷兰，提供了利用风力的优厚补偿

落。于是木鞋就在荷兰流行起来，至今已有几百年的历史。

尽管现在荷兰人已经很少穿木鞋，除了在乡下地区，农夫偶尔到田里或是马厩工作时还穿上它，毕竟木鞋有保暖与抗潮湿的特性，但许多农舍门口，还有专门放木鞋的“木鞋架”，进屋之后，须将木鞋脱掉放在这里。据说，在荷兰，木鞋还是定情信物，青年男女订婚，男方要把木鞋作为礼物送给女方，有的结婚时也要向新娘赠送木鞋。现在，城市里穿木鞋的人已经不多，但是许多出售纪念品的商店里都陈列着大大小小的木鞋模型，卖给游客留作纪念。

荷兰木鞋的制作原料为荷兰特有的一种坚硬且无花纹的杨树，具有不易劈裂、不变形、不渗水、不沾泥、透气等特点。原料容易找到而且便宜，制作加工起来也不是很困难，清洗起来也很简单，所以以前的荷兰人绝大多数会制作木鞋。荷兰的木鞋的鞋头和鞋跟都向上微翘，形如木船，故称“荷兰船鞋”。

荷兰郁金香

郁金香原产于土耳其和中亚细亚一带，于17世纪引进到荷兰。荷兰的坏天气和恶劣环境反而非常适合郁金香生长，其绚丽的花姿深得荷兰人喜爱，被评为国花，荷兰也因此成为“郁金香王国”

木鞋是荷兰的“国粹”，是最具民族特色的工艺品，是民族风俗文化的缩影。昔日的木鞋手工制作作坊原汁原味地保留在馆内。在没有机械的时代，手艺最好的鞋匠制作一双木鞋也需花上两三天。别看木鞋不大，式样也很简单，但要把鞋做得左右对称又合脚却并不容易，如果要在木鞋上做些花样，那就更需下功夫了。一个好的制鞋匠实际上就是一位雕刻家。据说荷兰历史上有一对叫作威茨耶思的兄弟，他们的制鞋手艺十分高超，无论顾客是什么样的脚型，威氏兄弟的木鞋总能做得非常合脚。兄弟俩一般先用各式各样的工具或机械进行初加工，最后用手工来完成鞋子的制作。因此做一双精致的木鞋，费时一星期是常有的事。今日，自动化使制作一双木鞋仅需十几分钟。这些年来，木鞋为荷兰创汇已逾亿万美元。

14

国立美国历史博物馆

国立美国历史博物馆是美国最大的国家综合性历史博物馆，也是史密森学会的一个下属博物馆，位于华盛顿宪法大道。在1876年美国建国一百周年纪念博览会展品基础上建立。在1955年时由艾森豪威尔总统拨款3 600万美元开始组建，1958年动工，工程耗时5年，于1964年正式对外开放，当时称国立美国历史与技术博物馆，1980年改名为国立美国历史博物馆。馆舍为长175米、纵深91.5米、高36.7米的五层白色大理石建筑，收藏美国历史文物和工艺技术发明的实物资料，有农业、服饰、民俗、工艺、天文、医药、军事、文书、货币、纺织、交通、科学、音乐等方面的藏品共1 700多万件，真实反映了美国的社会、文化、科学技术传统以及美国国体的演变，使人们更好地了解美国和居住在这里的不同种族的人民。

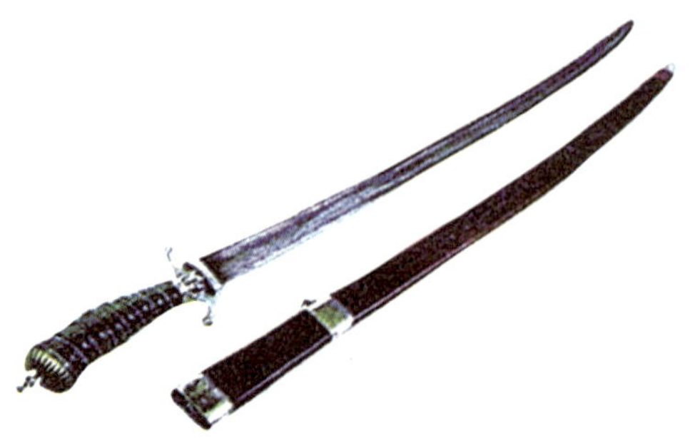

华盛顿在独立战争中所用的军刀

华盛顿(1732—1799)，美国开国元勋，领导美国独立战争并取得胜利，是美国首任总统

整个博物馆分三层。第一层主要按美国科技发展分为农业、电力、信息时代、海事、动力机械等部分。展品有美国的第一台电动机，1886年的第一台联合收割机，1892年出现的汽油拖拉机，1829年的打字机，1806年的第一台缝纫机，18世纪40年代的六层马拉大篷车，1879年的汽车以及著名发明家的心血结晶——E.惠特尼的轧棉机、S.F.B.莫尔斯的电报机和J.亨利的磁铁、贝尔发明的电话机原型等。

汽车展示室中陈列了1897年史蒂芬·巴隆制造的四轮轻型汽车，该车除车轮、发动机、驾驶装备外，别无所有；还陈列了杜路易型汽车、卡宁哈姆型汽车等，可以看出它们都是现代汽车的雏形。火车头展示室中陈列了1851年制造的先锋号蒸汽车头，并配有一个多世纪前美国的西部景色。反映欧洲移民情况的展品有昔日移民的住房模型及生活用具等，其中大量介绍了最先抵达美国的一批亡命于荷兰的英国清教徒的移民生活；展出了1630年华美的装饰盒和漂亮的刺绣，造型朴实的18世纪陶壶、水罐和成套精巧家具，以及他们的住家和室内装饰、日常用具等；还展出了17世纪后德国移民使用的具有精湛欧洲技艺的生活器皿及19世纪天主教的圣物和欧洲移民的饰物等。反映昔日美国人生活的展品有17世

林肯竞选总统的传单

1860年，林肯作为共和党候选人，当选为美国第16任总统。林肯是世界历史中最伟大的人物之一，领导了拯救联邦和结束奴隶制度的伟大斗争

海斯总统任期内的瓷器套件

瓷器上绘有美国动物和植物图案。海斯是美国第19任总统，1876—1881年在任

纪大富豪住宅的模型、佃农的小屋、磨坊工人的木屋，19世纪末20世纪初的直流式电扇、吸尘器、灯具、门铃、绞菜机、烘面包机、电熨斗、洗衣机等。

第二层以人文文化为主，馆内不乏具有珍贵历史价值的实物，例如美国第一任总统乔治·华盛顿戴过的假发和使用过的佩剑，杰斐逊起草《独立宣言》时用过的办公桌以及1812年对英战争中飘扬在麦克亨利堡上空的长14米、宽10米的大星条旗。在第二层的展厅，开放了为“9·11”专辟的展区“9·11——历史的见证”。在那里，人们可以看到前纽约市长朱利安尼在纪念活动中戴过的帽子、来自各地的义务工作者在救援活动中使用过的工具、纽约警车残骸以及无数的图片与故事等。这些物品，忠实记录着那一震惊世界的事件，更提醒人们对生命的尊重与生存的意义。

对女性最具吸引力的应当是第一夫人馆，馆分三部分，分别说明总统夫人的政治角色、公众形象和展示包括桃丽·麦迪逊、南希·里根在内的总统夫人的服饰以及真人大小的穿着礼服的历届美国第一夫人蜡像，形态逼真，从独特角度演示着200多年间服饰的演变。

对战争史有兴趣的游客可以在第三层参观关于越战、炮舰、西点军校以及冷战时期的陈列。这里还有货币、纪念章、纺织品、印制品的展览。

参观者可以亲眼见到华盛顿在独立战争中用过的成套餐具，1783年穿过的军服，1935年打捞上来的独立战争中沉没的美国最早的军舰“费拉德费尔”号，1861年的报纸印刷机，具有各国民族特色的乐器，18世纪邮局模型，还有7.5万种邮票。

博物馆的许多展览都别具心思。例如第一层的时钟廊，介绍不同时期人们对时间的看法与计时工具，趣味与知识并重地带游客走过时间的历史；第二层的墙内故事，选择一栋具有200年历史的房屋，以在其中居住过的五代人与5个家庭为蓝本，将数百年的美国大众生活浓缩提炼，娓娓道来。

博物馆有许多公众项目，包括开办展览、演讲、表演、参观各项节日等，目的是使博物馆的游客可以更好地以不同形式（诸如音乐、戏剧、故事、电影、口述等形式）了解美国的历史。此外，博物馆还在第一层、第二层分别设置动手体验历史与动手体验科学的区域，鼓励参观者自己参与，积累感性认识。博物馆的档案中心存放着大量关于美国历史的文字资料，有兴趣的游客可以前往阅读。

浏览国立美国历史博物馆，仿佛走入历史的画卷，在了解各国移民艰苦创业、体验人文与科技的演变之余，也许更会意识到，浩如星海的历史并非仅仅由大事组成，一名普通人也在每时每刻创造历史，从而增添对生活与生命的热爱。

15

瑞典斯坎森露天博物馆

具有百年历史的瑞典斯坎森露天博物馆，在世界博物馆史上享有盛名，它是世界上第一家露天博物馆，并以一种“活态”的展示方式改变了传统博物馆的概念。这座博物馆不是依附一幢建筑并在其内部进行收藏展示，而是以多种传统建筑、街区、历史实物以及特定自然环境共同营造的一种开放式展示场所。提到斯坎森露天博物馆，不能不提瑞典人赫泽里乌斯（1833—1901）。

19世纪中叶后，随着欧洲工业革命的发展，瑞典经历了一个由农业社会向工业社会急速转变的过程。这时期，瑞典人口中2/3以上生活在农村，在工业革命浪潮下，城市在迅速扩张，传统的乡村居所和田野风光被城市郊区和高大建筑群所摧毁；传统农业耕作方式被机械化所代替；工业产品无情地湮没了传统手工艺。大量失去土地的农民离开家园，进入铁路、码头、工厂、木材厂做工，瑞典整个社会步入城市化进程。正是在这样一个背景下，正在乌普萨拉大学攻读斯堪的纳维亚语言博士学位的赫泽里乌斯，在瑞典农村进行了一次远程步行考察，目睹并深切感受到社会的这种巨变。于是他产生了一种强烈的意愿和责任感，开始搜集那些正在迅速消失的反映农业文化的民间民俗代表物品建筑、服装、家具、器皿、工具等，将它们保护下来以备展示给子孙后代。1873年，他用在农村搜集的物品组织了展览。

1880年，他开始筹备建立露天博物馆，因为，在他看来，传统博物馆的展示方式并不能充分实现他的理念和教育目的。他所构想和强调的是通过某种完整场景的展示而表达出真实历史感，即在一个自然景区中，有着各式古旧房屋，房中摆设原来的家具，身着民族服装的人们生活着，家禽在四周漫游。为此他创立了“露天博物馆”的理念，并在斯坎森买下了第一块地皮。用他自己的话说：“要建一个完全不同于任何现存形式的博物馆。”1891年10月11日，斯坎森博物馆正式向公众开放，最初只有几英亩大小，第一幢建筑是他几年前在达拉纳西北部地区搜集到并搬迁来的当地农舍（全用木头建成，房顶上盖着桦树皮），其后博物馆面积扩大到30多公顷，展出内容不断充实，逐步形成了今天的规模。

走进大门，你会发现这里与其说是一个博物馆，倒不如说更像是一个大公园。那些农舍、教堂、钟楼、风车、街坊、动物园及游乐场，全部按旧日风貌保存下来。150座从瑞典各地搬来的古旧农家小舍，风格各异，按照一定区域划分组合，例如北区是代表瑞典北部山区的建筑和农庄，有护林员用的小木屋，制麻作坊，甚至圈养着几头驯鹿。在东区，是来自韦姆兰、西曼兰等地的建筑，有农家房舍、铁匠屋、两层楼的禁酒会堂等。南区是瑞典南部地区的代表建筑，一种四周由数幢房子围合而成的农家庭院，其风格有点类似于中国的四合院。在中区，有来自西约特兰地区的农舍、风车作坊和教堂；教堂前面是一条18世纪中叶莫兰地区典型的市场街，摆着许多小摊位；还有一幢当年瑞典中部地区贵族的典型住宅，高大气派，旁边还有厢房和亭子，宽阔的院子四周围着栅栏。它们生动形象地向人们展现出瑞典古代劳动人民所度过的那些简朴而富有意义的岁月。

这些各式建筑内既有当年的家具、生活用品的陈列，也有劳动工具、手工艺品的展示，与周边所营造出来的农村自然生活环境浑然一体。该馆也经常请一些农家人做养蜂和制牛油的现场表演等，展现传统的北欧民间生活方式。

为真实地再现瑞典城市街区的历史风貌，博物馆内还建有一个完整的街区。20世纪初，斯德哥尔摩城市发展很快，一些古老建筑被拆除，博物馆在市政当局的支持下，将其中一些建筑搬迁到此，现已有20多座建筑。街区建在一个小山丘上，一条鹅卵石铺就的街道蜿蜒穿过。这些建筑除了当年斯德哥尔摩城古老的邮局、银行、商铺和餐馆，还特别集中了瑞典各地的一批代表性的手工作坊，如家具厂、制陶屋、制鞋屋、制梳屋、金匠屋、面包房、印刷厂、订书间、雕版间等。一些手艺人身着传统服装，聚精会神地在作坊里表演制作。

斯坎森博物馆是以重建瑞典传统生活为宗旨设立的，说它举世闻名并不为过，此外，附设的动物园也有可观之处，不仅游客喜爱，更是城市居民暂时逃离尘嚣的最佳去处。

16

墨西哥国立人类学博物馆

墨西哥城有各类博物馆和展览馆，展示着墨西哥数千年来在各个领域创造的辉煌文明。其中墨西哥国立人类学博物馆以其丰富的藏品和独特的风格，成为最具代表性的墨西哥博物馆之一，同时，它也是整个拉美地区最大的博物馆。

雨神像香炉

这件用于祭祀活动的香炉上，用线刻技法饰有墨西哥中部地区所信奉的雨神形象。其特征是双眼周围有圆圈，有醒目的胡须和巨大的牙齿，鼻子有垂饰

托尼纳26号纪念碑

碑上雕有一托尼纳统治者像，他衣着华丽，手持一根两端刻有蛇头的仪仗，显示了极高贵的社会地位。在他背部的披风上，刻满了玛雅象形文字，记述此碑建于672年

墨西哥国立人类学博物馆位于墨西哥城最大的公园查普特佩克公园北部，1940年改建于墨西哥大学古物委员会的旧址上，1964年由墨西哥建筑家佩德罗拉·米雷斯·巴斯斯等人以火山岩、大理石和木头为主要材料再次设计建造，建筑面积12.5万平方米，展区面积3.3万平方米，共分25个展厅。馆内收藏和展出的主要是印第安文明遗存。

博物馆石质外壁上雕刻的繁复图案来源于印第安文明，而整体设计则是墨西哥现代建筑的典范之作。博物馆东西较长，南北稍短，中央大厅巨大的圆柱伞顶瀑布极为醒目。

博物馆门口有一座用整块大石雕成的“雨神”，高8.5米，重168吨，院内还立有一根图腾大铜柱，柱上有一个巨大蘑菇顶，顶上蓄水，向四周喷洒，像一个“雨泉”，寓意古代墨西哥人渴望水和水在推动墨西哥文化中的作用。

第一层有12个陈列室，举办“古代文化遗产陈列”，集中展出考古出土的2.7万余件文物，展出人类学、墨西哥文化起源以及欧洲人来此之前

豹神头像

美洲豹是玛雅文化中重要的神灵之一。这个豹神头像是托尼纳卫城一座建筑正立面上的装饰，高33厘米，宽28厘米，厚22厘米

织布女陶俑

玛雅地区盛产棉花，这个陶俑出自古典期晚期(700—900)，生动表现了正在织布的女子形象，而且情趣地刻画了落在织布机上的小鸟

女子陶俑

这个出自古典期晚期的陶俑有一双修长杏眼，姿态优雅而安详，极具中国风格，要不是明显的鼻环装饰，真会把它错认为中国的俑像

墨西哥各族居民文化和生活的实物，通过多种文物和资料介绍了墨西哥文明兴起和发展的历史以及西班牙人到来前的墨西哥社会各方面的情况，尤其是右边的7个展厅，顺次介绍了从墨西哥最早的移民到西班牙侵占阿兹特克帝国这段时间，整个墨西哥历史文化的发展过程，在时间紧迫的情况下，最值得一看，可以了解德奥蒂化坎、托尔特卡、墨西卡、瓦哈卡、墨西哥湾、玛雅、北部和西部8种墨西哥印第安文化。这是4000年来古印第安各族人民文化遗产的缩影。

展品中有约3500—4000年前墨西哥中南部以种植玉米为主的定居村落模型和以陶器、陶俑、碑石为主的初期宗教文化艺术品；2300—3200年前奥尔美加文化的象征作品——巨石头像，其中有出自圣罗林索遗址的高2.28米重30吨玄武岩质，鼻低唇厚，具有非洲人特征的巨石头像；2000年前墨西哥城北50千米的德奥蒂化坎市遗址模型，其中有太阳金字塔、月亮金字塔、水神殿以及其他宗教建筑；150—900年间古典玛雅文化的石碑、石雕、石像、壁画、陶俑、陶器以及按照实体大小复原的宽4米长9米高7米的帕兰凯王墓及其精美的墓盖浮雕、翡翠面具及豪华的饰物；阿兹特克文化象征的“太阳历石”和专盛活人心脏以献给太阳的“奥赛罗考西卡利”石质容器。

第二层有10个陈列室，是基本与一层对应的人种学展览，通过服饰、乐器、武器、宗教器皿和生活用具等多种文物，详细说明了墨西哥各民族的文化、艺术、宗教和生活方式等情况，在一楼了解墨西哥古城曾经的宏伟后，来到二楼对应区域的展厅，了解当时人们各方面的生活情况。此外，博物馆内还有关于人类学概述、达·芬奇理论、史前时代和美洲大陆原始移民等内容的相关介绍。“现代印第安人生活陈列”则展出印第安人的服饰、房屋式样、生活用具、宗教仪器、乐器、武器等，表现作为玛雅和阿兹特克的后裔而生存下来的印第安人的生活，他们虽然在墨西哥沙漠地带或原始森林中过着严峻的日子，但仍保持着其民族特色。

17

英国博物馆纵览

1. 大英博物馆

从这里出发,可以追溯人类文明的起源。

在这里漫步,可以饱览世界各国的珍宝。

它拥有260多年的历史,无数学者和名人曾在这里留下他们的足迹。

它囊括800多万件珍贵藏品,总价值不低于一个中等国家的全部国民财富。

这里就是大英博物馆,它位于伦敦的鲁塞尔大街。让人难以想象的是,这个集世界文明精华于一身的博物馆最初竟是由个人捐赠构建而成的。

大英博物馆馆长:“大英博物馆是1753年成立的,当时英国议会决定购买汉斯·斯隆爵士的所有收藏品,并向所有人公开展示这些收藏品。”

斯隆爵士是一位酷爱古玩的医生,对科学的浓厚兴趣以及做医生的经济收入使他成为一名古玩收藏家。斯隆去世前,将自己毕生搜集的近8万件藏品全部献给国家,它们为一个世界级的博物馆打下了雄厚的基础。

1759年1月15日,大英博物馆首次对外开放,最早馆址是在蒙塔古大厦。

人形内棺

这具木棺是典型的古埃及人形木棺，专用于高等级男性贵族。它是棺椁中最里面的一层内棺，用于盛放木乃伊。表面的象形文字和图案大意是神灵将保护死者在阴间的生活，死者的灵魂能够通过绘在棺盖上的眼睛看到这些图画

女性木乃伊

此尸体用亚麻布精心包裹，经防腐处理，X射线透视表明，是一具年轻女性的尸体。据估计，如此包裹一具尸体，需用布料共达375平方米

镶嵌宝石的王室手镯

来自埃及，约公元前940年。这只手镯由金片制成，略呈锥形，带有铰链。它的外表装饰了一年少的太阳神坐于一朵莲花之上，手持王室的曲柄权杖

贝壳、护身符坠子和珠子腰带

来自埃及，约公元前1900—公元前1800年。这根腰带本是一位仕女的物品。用金银制成的贝壳原本是其上的饰物

木乃伊面具

来自古希腊罗马时期。高44厘米，直径23厘米。这是一个镀金面具，用石膏裹以亚麻布制成，描绘死者头部和胸部的形象，佩戴在死者木乃伊的头部

作为全世界第一座对公众开放的博物馆，大英博物馆的外形和布局为后来者竞相效仿，但在展品的丰富程度上能与之相抗衡的博物馆却屈指可数。

今天的大英博物馆约有100多个展室，稀世之宝数不胜数。由于藏品太多，展览总在不停地变换，偶尔一去的参观者能看到的，不过是九牛一毛而已。就是这九牛一毛，想用一天的时间来浏览，也还是太过匆忙了些。

为了便于参观者找到自己最感兴趣的展品，大英博物馆提供了非常科学的电脑查询系统。精选出来的500多件展品每件都带有简介，并附带可以放大后做细节分析的高清晰度图片。大量的网页链接、地图和背景资料可以帮助游客计划参观行程。

大英博物馆馆长："大英博物馆在英国乃至全世界，它最杰出的地方在于任何一个到大英博物馆来参观的人，都能够在这里了解到他所生活

的那个国家的文化和历史发展，并且了解到当地历史的发展对世界其他地区历史发展所造成的影响。”

徜徉在浩如烟海的藏品中，我们的视线只能努力捕捉那些最夺目的部分。

大批的金字塔、神庙和古墓都让后来者浮想联翩。那些年代久远的传说是如何产生的？历法、文字和陶器是谁先发明的？历史留下了一个个不解之谜。

大英博物馆的镇馆之宝是一块石碑，它是1799年拿破仑在埃及战场上发现的。由于正反面分别刻有古埃及象形文字和希腊文，而且全世界仅此一块，因此，它为破译古埃及象形文字提供了宝贵的线索。

埃及的木乃伊一直是大英博物馆最受欢迎的展品，古埃及的贵族们相信自己死后会有来世，因此，用亚麻布包裹起来的尸体上镶有护身符和珍宝，这样可以使他们继续享有生前的荣耀。

罗塞达石碑

1799年，拿破仑远征埃及时发现的石碑。该石碑以它的发现地命名为“罗塞达石碑”，石碑上共有三段文字，前两段为古埃及文字（分别为圣书体和世俗体文字），第三段为古希腊文字

亚历山大三世金币

来自马其顿王国，公元前4世纪晚期。金币正面铸有希腊女神雅典娜的头像，背面铸有手拿花冠和梳杆的胜利女神像

除了埃及的文物，大英博物馆还囊括了希腊、雅典等众多文明古国的藏品，通过它们，人类可以与尘封的历史对话。

1816年，大英博物馆迎来了其雕塑收藏中最伟大的艺术品：雅典帕特农神庙里精美的大理石石雕。为雅典城守护女神雅典娜而建的帕特农神庙是古雅典时期最重要的神庙，它长达158米。

出土于土耳其摩索拉斯陵墓的一组巨型雕像的来历也很不寻常，因为摩索拉斯陵墓是世界古代七大奇迹之一。

当然，大英博物馆还有一批平日难得一见的中国藏品。明朝宣德年间的景泰蓝大瓷罐、唐三彩、东周时期制作的两个青铜浇铸的摔跤者、顾恺之《女史箴图》等。绝大多数文物在被博物馆收为藏品时其身份和历史都难以获悉，博物馆的任务就是尽可能了解每一件文物的背景。此外，大英博物馆作为世界各地学者前来考查藏品、交流资讯的学术中心，也起着重要的作用。

太阳神王头像

约400—700年，来自洪都拉斯。这尊石雕像是玛雅帝国的开创者——第一位太阳王"瞬间"的头像，他于426年9月5日建立玛雅帝国

铜装饰板

来自尼日利亚贝宁王国，16世纪，黄铜铸造。这类铜板大多采用失蜡法铸造，装饰在宫殿的立柱和横梁上

大英博物馆馆长："建立大英博物馆的目的是为了把来自世界各地的展品收集到一个地方，所以来自不同国家的人们可以自由地参观这些展品，并且这些展品对所有游客都是免费的，每年有500万的参观者来到这里。另一个目的是为了让人们能够更好地了解这个世界的历史，了解为什么我们现在生活的世界是这个样子。这里的展品很重要的一点是它们来自世界各地，所以你可以比较不同地区和国家的文化和历史，比如欧洲人、非洲人、中国人是怎样制作东西的，人们会去思考作为生活在不同地区的人们，他们之间可以分享的事情是哪些。"

如何能让更多的人了解博物馆，让不同国家、不同民族的人们在文化上有更充分的沟通，一直是大英博物馆努力的目标，因此，他们的展览不仅仅是面对来博物馆参观的游客。

大英博物馆馆长："大英博物馆有一个很大的计划，就是把我们的展览送到世界各地去。我们曾在北京首都博物馆举办过一个展览，就是关于大英博物馆250年历史的一个展览，主题是对不同社会历史的比较。世界上每一个民族和社会都要学会如何保存和组织他们对历史的记忆。"

可以想象，随着博物馆之间的交流越来越密切，属于人类历史的细节将会不断得到补充，那些诞生于不同种族、不同时代的灿烂文明，构成了一个魅力非凡的空间，在这样的空间里，人们将学会彼此尊重，共同繁荣。

2. 自然景观

你想身临其境地感受恐龙生活过的世界吗？

你想看到地球诞生与火山爆发的生动演示吗？

现代化的脚步将人类赖以生存的世界变得越来越陌生，想要重温沧海桑田的梦幻，回望生物进化的足迹，去自然史博物馆是个不错的选择。

伦敦的自然史博物馆位于文化气息浓厚的南肯辛顿区，它的外观带有中世纪的教堂风格，反映出维多利亚时代对大自然的礼赞。

自然史博物馆馆长："伦敦的自然史博物馆是世界上最大的历史博物馆，同时它也是世界上最好的博物馆，最先进的博物馆之一。它是1881年由理查德·欧文建立的，曾经是大英博物馆的一部分，因此它与伦敦众多的博物馆有非常紧密的联系。"

走进博物馆的中央大厅，一只硕大无比的恐龙骨架足以吸引每一位来客的目光。这是一只以植物为生的恐龙，从头到尾长达26米，1.5亿年前是这个星球上最大的动物。

无论是在银幕上还是在博物馆里，恐龙对于孩子们都会构成巨大的吸引力。在自然史博物馆，你可以看到各种与恐龙有关的标本、模型、图片。一些可以互动的视频演示还能让人们进一步了解恐龙的生活习性。通过它们，一个亿万年前的生物种群将栩栩如生地在你眼前再现。

自然史博物馆的主要目的是展出全球的动植物，因此，恐龙馆只是整个展览内容的一小部分。

自然史博物馆馆长："博物馆是专门研究自然世界的地方，它有320个科学家，它的研究历史非常广，有动物，尤其是哺乳动物、植物、昆虫等，这些都是和自然世界有关的。"

在跟动植物有关的展览中，博物馆按哺乳动物、生态学、野生动物乐园等几个部分进行分类，展示了生物之间、生物与环境之间如何相互作用，并形成一个繁荣的群落，伴随着人类的干涉，生物群落又发生了哪些变化等。这些展览吸引了大量渴望了解自然的孩子。

自然史博物馆馆长曾说："来参观的这些参观者主要是以家庭为单位或者是一些孩子，可以看到有很多孩子在展厅里跑来跑去，这实际上正是我们希望的，因为我们希望年轻人从很小的时候就去了解自然世界。有大概16万的中小学生来自然史博物馆参观，并把他们的参观作为在学校学习的一部分。"

自然史博物馆为各个年龄段的人开设了教育课程和项目，孩子们在这里可以动手参与很多活动。对于带领孩子们前来参观的教师，博物馆还会派人给他们一些专业建议。

地球馆也是自然史博物馆的重要内容，6个带有象征意义的雕像代表了人类认识地球的不同侧面，比如地球的形状、地球的起源和地球的未来等。

馆内有一条全欧洲最长的扶梯之一，它可以带着我们穿过巨大的球体去往地球馆。

从宇宙大爆炸到地球的演化，依靠现代技术手段的制作，人们可以在地球馆中看到各种地质景观。

火山是怎样爆发的？地震会带来什么样的后果？在这里，你还可以看到1995年日本神户大地震的模拟现场。

不平静的地表上，山脉曾发生过什么样的位移？岩石是怎样被磨光

猎狮装饰板

的？河流的流向可以改变吗？地球的气候又是如何变化的？

地球上储备了多少宝石和矿产？地质科学家如何发现矿物和能源，怎样控制不断增长的能源需求？毫无疑问，地球馆是一个生动的地理课堂，有着如此丰富的展览内容，也难怪它能吸引全世界的游客来这里参观。

自然史博物馆馆长曾说："每年有300万人来到自然史博物馆参观，这个数字还只是来博物馆参观的人数，不包括参加博物馆举办的一些巡回展览的人数。还有更多的人是通过我们的博物馆的网页来了解博物馆的，这可能还有几百万人，所以所有的人加在一起，大概有1 300万人到1 400万人参与我们的展览。在300万的参观者中，有38％是来自海外的，他们说着不同的语言，对跟本国有关的一些标本抱有极大的兴趣。"

从世界各地搜集而来的大量动植物标本、岩石和矿物质可不光是为了展览，它们还可以供专家们进行科学研究。是的，自然史博物馆还是一个充满活力的科研机构。

自然史博物馆馆长："我们这个博物馆不只是保存了大量的生物标本，到目前为止，我们从伦敦和其他一些地方已经收集了1 700万生物的标本，我们博物馆还拥有320个科学家，这些科学家在达尔文中心里进行研究工作，他们研究这些收藏品，对它们进行分类，描述自然世界，并照顾这些藏品。"

达尔文中心是为了纪念达尔文为物种起源所做的研究而成立的。

在这里可以看到千奇百怪的动物标本，有一部分鱼类标本是达尔文在南美洲旅行时搜集而来的。

生物医学是博物馆科研领域中发展最快的项目。为了妥善保管这些供研究用的标本，科研人员必须定期对标本进行分类。

自然史博物馆馆长："达尔文中心对所有的游人是开放的，参观者可以看到这些科学家正在从事的研究工作，这是其他博物馆所无法见到的，这是我们独特的地方。我们的工作更多的是面向未来而不是针对过去。"

中国贤者向完者都呈献史书图

在达尔文中心，参观者甚至可以和科学家面对面地讨论，据说，这样做的目的是唤起人们对自然科学以及环境保护的兴趣。

自然史博物馆营造了一个充满梦幻的空间，很多电影、广告、音乐电视的剧组都把这里当作理想的拍摄场地。

自然史博物馆更是一个生机勃勃的课堂，它让人们在这里懂得如何与自然和谐相处，共建人类美好的家园。

3.理性之光

跨越东经116度经线，来到英伦三岛。伦敦国会大厦的塔楼上，大本钟悠扬的钟声依然传得很远。在伦敦市东西方的泰晤士河南岸，在这个小山丘上矗立的圆顶建筑，就是闻名世界的格林尼治天文台。

这里是世界计算时区和地理经度的起点。

经过格林尼治的经线为本初子午线，即0度经线，这条线把我们居住的地球分成了东西两个半球，同时它也成为世界时区的起点。有了这条线，世界从此有了统一的方位和时间的坐标。

人类经过漫长的过程，才走进了认识方位和时间的理性轨道。

曾任格林尼治天文馆馆长的罗依·克莱尔：“我们现在所处的这座房子，是1675年查理二世花了500英镑建起来的，这在当时来讲也不是很多的钱，房屋的设计师是当时在伦敦设计了许多著名教堂的克里斯托夫·雷恩。当时建立这个房子的目的，是为了使观测者确定地球上物体的方位，因为在17世纪末到18世纪初的时候，对于航海家来讲，他们很难确定自己在海洋中的位置，特别是经度，所以伦敦当时就成立了经度委员会，并组织了一场正确计算经度方法的竞赛。”

当时许多地区都有不同的0度经线和当地时间，对于旅行者来说，现在几点，成为他们巨大的困惑，混乱的本初子午线又使他们难以确定自己身处何处。

伦敦经度委员会悬赏2万英镑的巨额奖金，寻求准确计算经度的方法。1730年，一个叫约翰·哈里森的年轻钟表匠从家乡林肯郡来到格林尼治。在友人和经度委员会的赞助下，他用了6年时间完成了他的第一个时间仪器——H1，引起轰动。但他认为H1还可以改进，又投入到H2、H3的研发中。然而，经过19年的反复设计、研制，H2、H3仍无大的进展，经度委员会对他失去了信心。

哈里森依然锲而不舍，1753年，他发明高频振荡器，1755年终于完成了小巧的H4的研制。后来他又不断完善H4，使得这种小钟表一年内的误差小于一分钟。1772年，哈里森来到格林尼治整整42年之后，得到了经度委员会8 750英镑的间接奖金。

从此，人类时间的准确性得到质的提高，今天的机械钟表仍然沿用哈里森的高频震荡原理。

1884年，在华盛顿召开的国际经度会议上，决定经过格林尼治的经线为本初子午线。

世界迎来了理性的仪表时代，各种仪表赋予工业革命生产出的钢铁机械理性的光芒。率先掌握了理性时间的英国，以工业革命的步伐走在了世界前列。

1829年，工程师乔治·斯蒂芬森参加新利物浦——曼彻斯特铁路招标，他设计、制造的“火箭”号机车时速达到47千米，赢得招标，“火箭”号机车成为火车历史的标志。

如今“火箭”号机车早已退役，但却没有报废，它待在伦敦科技博物馆大厅最醒目的地方，向南来北往的参观者诉说着英国工业革命时代的辉煌。

19世纪中叶，在工业革命的浪潮之中，科学与技术走进了博物馆的殿堂。

曾任英国博物馆网络工作站站长的昆马兰：“伦敦科技馆是在20世纪20年代建成的，实际上它来源于一个长期的项目，这个项目是从1851年伦敦的‘世博会’开始的，那时英国政府计划在南肯辛顿地区建立几个大型博物馆。在19世纪，伦敦科技馆、自然历史博物馆、阿尔伯特博物馆等都是英国最大的博物馆。”

伦敦科技馆早期并不是如今这个样子，它是在1851年伦敦“世博会”的基础上，举办的一个综合性大展览，以后才将艺术与科学分离，形成了著名的维多利亚与阿尔伯特博物馆和伦敦科技博物馆。

馆内一架154年前制造的自动织布机，当时它的出现迅速取代了作坊里的手工织布，纺织开始规模化生产。

馆内这台今天看起来笨重的机械计算机，当时却大大提高了计算效率，令19世纪的人们叹为观止。

“二战”期间英军战斗机使用过的专用发动机，是20世纪40年代最领先的设计，飞行速度快于德军飞机，在保卫伦敦的空战中，它立下了赫赫战功。

150年来，伦敦科技馆不断搜集有时代烙印的展品，无论是新技术，还是新发明。如今这里收藏着大约600万件藏品，在30万件实物藏品中，所包含的“世界第一”比其他博物馆都要多，这成为伦敦科技博物馆收藏的

持龙头杖的托钵僧像

重要特征之一。科技馆通过大量的科技遗产收藏品，向公众展示了一个可以触摸的、令人惊奇的科技历史景观。而每一件独特的展品，又对公众诉说着科学的意义和时代的故事。

2001年以后，英国政府对伦敦科技馆实行了免门票政策，这里成为全英最热门的旅游景点，年访问人次超过300万。

走出伦敦科技馆的展厅，我们在为丰富的展品折服之余，又被这里关于科学的理念深深吸引。科技馆的大屏幕上告诉参观者，这里的科学就和我们临街，是裸露的，是没有包装的，可以与之零距离交谈……

在伦敦科技馆的三张明信片上，他们更是把“表现”“吃”“生活”与“科学”这个单词连在了一起。

4.快乐中心

2001年，苏格兰的格拉斯哥市建立了一座造型很现代的建筑。不久，它就成为周边的孩子们向往的地方。

那么，这座建筑究竟有什么特殊的魅力呢？

时任格拉斯哥科技中心展览主任的格兰特·司林：“当你来到中心的

祭司胸像

时候，你可以在超过200个各种不同的动手项目上进行操作，它们主要是为8岁到12岁的孩子设计的，而且是和孩子们在校学习的课程相配套的。我们这些项目更多地运用了图像和游戏来代替各种枯燥的文字，因此无论是大人还是小孩，都非常喜欢操作这些项目。”

课堂学习往往是令孩子们头痛的事情，可是孩子们却非常乐意走进这里的课堂。

科普教师史迪夫：“欢迎来到格拉斯哥科技中心，我的名字叫史迪夫。这个牌子上面有我的名字。

“嗨！如果我在这里做的事情很酷，你们就要一起‘呜……’。那么，现在我们就试一试。”

学生们：“呜……”

史迪夫：“对，就这样。如果我做出很搞笑的事，你们就‘哈哈’大笑。”

学生们：“哈哈哈……”

史迪夫：“如果我做得非常棒，我希望有热烈的掌声。”

（史迪夫和同学鼓掌）

慈恩大师像

史迪夫："很好！如果我现在松手的话，它会翻落下来，这是重力让它下落的。现在我们让它转起来，旋转能使它趋于稳定。这一次你们应该看到了吧，轮子并没有翻倒。这看起来像变魔术，好像是这里有什么东西使它不倒。出现这个情况的原因是，轮子在轴上转动时达到稳定，这使得轮子不会倒下。"

同学们："呜……"

史迪夫："谢谢！这板子上有1 000个钉子，现在我来证明这是真钉子，用一个土豆代替我的头。

"哦，的确是锋利的钉子。如果我只是站在一根钉子上面，你们认为会怎样？"

同学："刺穿你的鞋。"

史迪夫："刺穿我的鞋，不光是我的鞋，对，我的脚也会被刺穿，整个台上都会流满我的血。

红绘彩陶杯

“这并不好受！

“我下面要做的是，相对只站在一根钉子上，我要躺在整个板子上。我们来试试……”

同学们：“呜……”

史迪夫：“谢谢！噢，恐怖的尖叫，谢谢！给点掌声。”

同学们鼓掌……

史迪夫：“谢谢！”

在纽卡斯尔生命科学中心，一位年轻的科普教师把自己打扮成女巫，同样深受同学们的欢迎。

女教师：“坐下吧！你叫什么名字？”

学生：“柯南。”

女教师：“好！我要给你披上点东西。

“我们可以保持十秒钟的安静么？

“好，大家都正确地说出‘咒语’，我现在就要把手拿开，一、二、三，好。

“这是一个大魔术，等会我会解释一下。现在为了做出更好的例证，我要把这块板子拿掉。大家和我一起喊，一、二、三。

“我们是不是控制了水呢？看看吧，一满杯水，杯口朝下，在他的头上，但是他却一点都没有湿。

“怎么回事？挺奇怪的吧！我们现在要做的是，用我们的魔杖敲一下，把水放掉。”

原理：水分子的张力会在水层表面形成一层水膜。

女教师：“这回你可以走了，非常感谢！”

像格拉斯哥和纽卡斯尔这样的科技中心，完全不同于传统的科技馆，这里没有收藏品，展览的内容主要是互动游戏，是一种全新的博物馆机构。

曾任纽卡斯尔生命科学中心主任的琳达·康林：“我想我们的中心在英国是独一无二的，甚至在欧洲范围内也可以这样说。这个科学中心是鼓励公众参与科学，以及对公众进行科学教育的场所。这个中心集几个功能于一身，既是大学生命科学院的一部分，同时又是高技术企业集中的地方，还是科技传播的场所。”

纽卡斯尔生命科学中心的互动项目并不是一成不变，每年都在更新，让来到这里的学生总有新奇感。

王后的竖琴

《公园》

米歇尔·安德鲁1962年的木板油画作品，高214厘米，宽244.5厘米

离开了纽卡斯尔生命科学中心，可以去看看威尔士的卡迪夫科技活动中心，这个中心是英国最早建立的科技中心。这里不仅吸引着孩子们，还有许多老人愿意在这里享受快乐。

孩子们通过加温使热气球上升的实验，了解了热空气重量更轻的道理。在这个电子发声器上，他们通过音乐感受了科学的欢乐。

卡迪夫是英国有名的"技术之都"，这个中心非常重视培养孩子们的动手能力，用心设置所有的互动项目。

在英国各地的科技中心，我们都能深切地感受到，科技与公众没有了距离。那么，这个意义深远的创举是怎样从卡迪夫发端的呢？

卡迪夫科技中心C.E.彼特·特里威特："这个中心的成立要追溯到1986年，当时卡迪夫科技中心是英国第一个互动性科技活动中心。卡迪夫建立这个中心的想法，来自卡迪夫大学的一位教授，他对如何帮助孩子更加主动地参与科技抱有极大的热情，因此，他建议成立卡迪夫科技中心，在中心里设置各种各样孩子可以亲自操作的游戏和设备，就像我身后的这些游戏。所以，我们需要的这个中心，就是一个可以让大家参与科学、获得欢乐，并且向公众传播科学的一个场所。"

继卡迪夫之后，英国境内建起了许多类似的科技中心，在超过90%的人口居住地，两个小时车程以内的范围，都能找到一家科技活动中心，这些中心的年参观量达到1100万人次。

5. 艺术前沿——泰特博物馆

来到伦敦，如果你觉得精神还不够飞扬，还需要一点性灵上的滋养，那么，去泰特吧。

走在街头，如果你觉得空气还不够轻松，周围的一切太过强调理性，那么，去泰特吧。

来往的公交车辆、巨幅的广告牌都在指引去泰特的道路，那里是现代艺术的码头，是时尚与前卫的别称。泰特艺术馆，带你感受不一样的英伦。

伦敦有很多著名的画廊，但是没有几家能跟泰特相提并论。1897年，泰特画廊刚成立的时候，还只是以收集英国艺术家的作品为主，现在它已经是欧洲最有名的现代艺术中心之一。

泰特馆长："泰特建立于1897年，它收集了英国很多现代的艺术作品，包括油画、雕塑。它是由一个英国的糖贸易商亨利·泰特投资建成的，

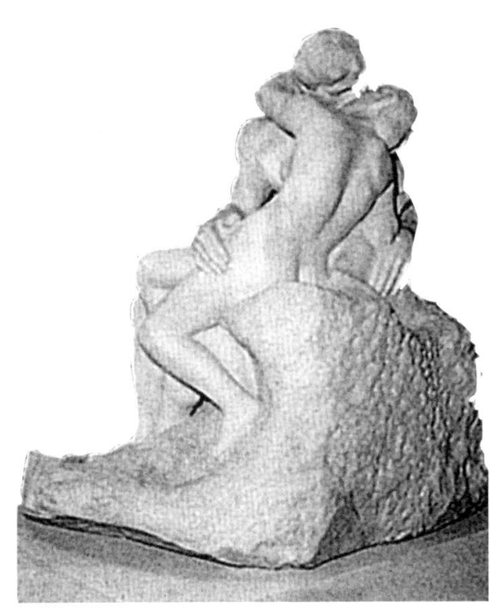

《吻》

大理石雕像，高190厘米，法国雕塑家罗丹创作于1884年至1886年。《吻》取材于但丁的《神曲》里所描写的弗朗切斯卡与保罗这一对情侣的爱情悲剧

《着衬裙的少女》

油画。西班牙画家巴勃罗·毕加索作于1905年。毕加索(1881—1973)是位多产画家,据统计,他的作品总计近3.7万件,包括:油画1 885幅,素描7 089幅,版画2万幅,平版画6 121幅

《斜倚的裸女》

巴勃罗·毕加索1968年的作品。毕加索一生画法和风格迭变,早期画近似表现派的主题,后注重于原始艺术,简化形象。画风一度转入写实,1930年又明显地倾向于超现实主义

泰特先生把他收藏的超过178 090幅画像捐赠给国家,并放在这个艺术馆中向公众展出。”

来到不列颠泰特的时候,这里正在展出透纳、惠斯勒和莫奈的作品。三位都是欧洲艺术史上赫赫有名的人物,他们对现代艺术的推进功不可没。

然而,真正给泰特带来广泛声誉的还是位于泰晤士河南岸的泰特现

代艺术馆。

泰特馆长："1992年泰特馆做出一个决定，就是要把泰特英国馆中的展品分成两个部分，其中一部分国际艺术收藏品将从英国馆搬到一个新的艺术馆。我们调查了整个伦敦地区适合展示这些作品的地方，有一部分人建议建设一个新的博物馆，另外一些人认为可以在一些旧建筑的基础上进行改造。最终我们把注意力集中到一个被废弃的发电厂上，因为我们认为这个发电厂能够给我们带来很多特别的优势，比如它的外形、它的空间以及它坐落在伦敦中心位置的这些方面。利用这个地方可以为艺术博物馆注入很多新的元素。"

2000年5月，泰特现代艺术馆正式对公众开放。设计创意是：

简洁精确的空间概念

粗糙冷硬的工业质感

一座富有现代寓意的"艺术发电厂"

作为英国第一家专门展示20世纪艺术的专题美术馆，从走进泰特的

《疑惑的诗人》

吉奥尔乔·基里柯(1888—1978)于1913年创作的油画作品，高106厘米，宽94厘米

那一瞬间，强烈的现代气息就冲击着人的每一个细胞。

门廊的声音来自现代艺术家布鲁斯·诺曼和路易斯·鲍吉尔斯的单音节系列作品——

“我谈论你们的，你们谈论我们的，我们谈论他们的，

他们谈论我们的，你们谈论他们的，他们谈论你们的”；

“把你的帽子放在桌子上”；

“我喜欢喝酒，你喜欢喝酒，我们喜欢喝酒”……

值得一提的是，泰特打破了以年代或风格为依据的传统陈列方式，而把全部展览分布在4个主题下面：“历史、记忆与社会”“裸像、行动与人体”“风景、事件与环境”“静物、对象与真实”。

由于泰特现代艺术馆汇集了很多20世纪名家的作品，如毕加索、杜尚、亨利·摩尔等，它们对于传统艺术规范和人们的审美观念构成了一定的挑战。这样，不同时代的作品放在一个主题下面会产生一种微妙的互动关系，它所带来的戏剧效果可能是你在别处体验不到的。

《安提诺乌斯半身像》

《女神立像》

泰特馆长:“在过去几十年中,泰特博物馆主要集中收藏西方绘画,特别是欧洲北部以及美洲北部的画像,这一点在近20年中开始有些变化,现在泰特博物馆的收藏不仅仅局限于上述地区,而是面向整个世界。”

在泰特艺术馆里不乏令人触目惊心的作品,比如英国艺术家兰迪创作的装置艺术Scrapheap Services(垃圾服务,1995),它通过一个虚拟的清洁公司和大批被扫入废品的小人,暗示了失业者在现代社会的处境。

作品中的垃圾大多是用铝罐、烟盒和包装纸裁制而成的小人,面对公司的大批裁员,兰迪用艺术替他们表达了不满。

摄影也经常在现代艺术家手里发挥出新的作用,作品《死去的瑞士人》(1989),是用黑白照片、电线、锡盒一起制作完成的。这些照片是艺术家波坦斯基从瑞士报纸的讣告版里搜集出来的,它们组合在一起含蓄地表达了反战的主题。

美国影星玛丽莲·梦露生前拥有无数的崇拜者,关于她的各种传闻一直是媒体最感兴趣的话题。1962年，在她去世以后，艺术家安迪·沃霍尔用一种化学材料在帆布上绘制了一幅作品：*MarilynDiptych*（1962）。他想通过肖像的不断叠加，来凸显梦露在媒体上无处不在的魅力，并表达“名人崇拜与死亡”的主题。

在千奇百怪的现代艺术作品中，法国雕塑家罗丹创作于1884年—1886年的大理石雕像《吻》已经算是最接近传统审美观念的作品了，它高190厘米，很多来泰特的学生会围在这里写生，能够面对大师的真迹临摹大概也是艺术系学生的幸运吧。

在泰特艺术馆走累了，还可以坐在休息室里欣赏对面的风景。现代艺术创作是如此充满活力，也难怪原本景象萧条的泰晤士河南岸，自从有了泰特以后，就增添了不少餐厅和酒吧，更吸引了许多年轻的上班族和学生。

6.设计时代

这里是世界工业设计的发祥地，每年到英国学习设计的外国学生数以万计。

这里有很多与设计有关的博物馆，设计业已经成为英国的主要出口产业之一。

走进伦敦设计博物馆，感受设计给我们的生活带来的变化。

设计博物馆紧邻泰晤士河，外观简洁、朴素，体现出一种含蓄的美学观念。

设计博物馆馆长：“设计博物馆是当年世界上最好的现代设计博物馆之一，成立于1989年，从成立开始我们举办了很多生动的、优秀的设计和艺术展览，这些展览涉及的领域是非常多的，有时装展，有网络设计展，有纺织品展，有小的工业产品纸制品展等。”

“你在这儿”是2005年春天博物馆展览的主题，它展现了信息设计的历史和演变：我们是谁，我们在哪儿。工业时代的降临带来了种种新生事

《阿弥陀佛头像》

物，伴随着日趋复杂的社会生活，设计的概念开始向交通和一些其他领域渗透。

生动的视觉符号在很多公共领域发挥着重要作用。从卫生防护、体育赛事，到人体模型、基因技术，对于那些曾在技术上给予革新的设计，这个展览无疑是一个最好的纪念，它让我们看到设计行业如何指引了我们的生活，并为身边的世界提供了一个个具体的坐标。

博物馆同时还举行关于年度设计师的评选，参选作品可以来自汽车、计算机、电子游戏和家具等各个领域。设计博物馆每年拿出2.5万英镑奖励那些有重大贡献的英国设计师或设计团体。

设计博物馆馆长："我们办展览不只是为了体现出最好的设计师、设计家，我们更希望通过展览来发掘一些有设计才华的刚刚从学校毕业或者毕业时间不长的年轻设计师。这些设计师的作品可能在未来几年内会对工业产品的设计带来很大影响。所以这些展览既是一个最前沿的展览，又是要表现出他们对以后工业设计影响力的展览。"

英国的工业设计在世界上居于领先地位，这与博物馆的积极推动有着密切的关系。博物馆对设计的重视在英国是有传统的，它可以追溯到

1852年维多利亚·阿尔伯特博物馆的建立。

维多利亚·阿尔伯特博物馆馆长:“这个博物馆是非常有趣而且独一无二,它是在18世纪中叶建立的,当时是因为英国议会担心,英国虽然已经成为一个在制造业上非常发达的国家,但是在艺术设计上仍然是一个十分落后的国家,而其他欧洲国家,特别是法国这个时候在艺术设计上是非常领先的,所以英国议会就问自己如何来改变这种情况,于是决定成立一所设计学校,而这个博物馆是当时计划中的一部分。”

在博物馆的大厅入口处,一盏造型奇特的枝形吊灯先声夺人。这是博物馆委托美国艺术家戴乐设计的装饰。它像一串巨大的葡萄,通过上百个玻璃吹成的零件组合而成。吊灯从美国运到阿尔伯特博物馆,3名助手花了4天时间才组装起来。

博物馆刚成立的时候,展览大多是面向贵族、收藏家、制造商和设计

《阿淑尔那希尔帕二世雕像》

师。富丽堂皇的展厅和精美考究的藏品让今天的人们还能感受到维多利亚时代的气息。在这里，你可以看到米开朗琪罗的大卫雕像、康斯坦布尔的画作，也可以看到中国汉朝的玉器、意大利的玻璃制品以及各种精雕细刻的手工艺品。

在过去的160多年里，阿尔伯特博物馆搜罗的艺术藏品中有很多曾参加过万国博览会，它们展现了不同时代的最高设计水准。为了让参观者能够对展品有更多的了解，博物馆还提供了视频窗口来演示部分展品的制作过程。

维多利亚·阿尔伯特博物馆馆长：“今天阿尔伯特博物馆是世界上公认的最好的设计博物馆，如果阿尔伯特博物馆是世界上最好的博物馆这种说法会引起争议，那么我可以这么说，阿尔伯特博物馆在帮助人们理解现代艺术和设计这一点上采取了很多的办法。”

阿尔伯特博物馆一直鼓励艺术家和设计师在创作上大胆实践，由它推出的时装设计展在世界范围内都享有很高的知名度。此外，它还为设计专业的学生提供了学习的机会。

佛初转法轮浮雕石板

萨顿胡头盔复制品

维多利亚·阿尔伯特博物馆馆长:“很明显,阿尔伯特博物馆不只是一个收藏艺术品的博物馆,它还是国家艺术教育计划的一部分。在我们博物馆所处的南肯辛顿地区,阿尔伯特博物馆同周围很多的艺术博物馆、艺术类大学甚至是自然科学学院建立了广泛联系,这是我们博物馆在教育领域作用的主要体现。”

有意思的是,英国博物馆在积极推动设计业发展的同时,还有很多设计公司专门为博物馆的展览做设计,位于约克郡的康帝尼公司就是其中之一。

康帝尼公司设计师:“对于英国很多的专业设计公司来讲,他们是帮助博物馆和旅游部门实现了他们的梦想。这些博物馆可以提出他们的概念和想法,但是他们没有足够的专业设计人员、制作人员以及媒体策划人员来完成这些项目。所以我们就利用我们的资源帮他们实现这些想法。我们这样的公司的第二个作用就是能够制作出公众真正想要看的内容。”

除了为博物馆的展览做专业设计,康帝尼公司还为一些旅游部门承接古迹复原的工作，这种制作技术也同样可以运用在跟博物馆有关的展览方面。

康帝尼公司设计师："我们同样也使用了很多类似好莱坞电影里的技术来创作多媒体和影音作品，我们还采用了一些游戏技巧，创作一些互动性的展览作品，游客可以从操作这些展品中获得他们想要了解的知识。利用我们的技术，参观者也可以走出博物馆，在参观一些建筑或者是室外展览的时候，也可以通过类似翻译机和多媒体很好地了解展品的内容。这是非常令人激动的，在未来也可能是被普遍应用的。"

英国有2 000多座博物馆，它们每年的观众超过1亿人次。这些博物馆已经不单单是为了收藏而存在，它们是历史的见证，是科学的领地，更是世界文化沟通的桥梁。随着博物馆的蓬勃发展，人类的创造力将会不断得到激发。

18

维多利亚与阿尔伯特博物馆

维多利亚与阿尔伯特博物馆是世界上创立最早、规模最大的装饰艺术博物馆，与大英博物馆享有同等声誉。博物馆以创始该馆的维多利亚女王和阿尔伯特公爵两人的名字命名。阿尔伯特公爵1819年生于德国萨克森，为德国皇室幼子，他自幼接受严格训练，有很好的艺术修养。维多利亚当上英国女王，阿尔伯特公爵远渡英吉利海峡，与维多利亚结为伉俪。

1851年5月1日，由阿尔伯特公爵策划的万国博览会在英国维多利亚女王和王族的列席下正式揭幕。那一天，伦敦的海德公园内，一座用钢结构和玻璃建成的水晶宫，在灿烂的阳光下散发出耀眼的光芒，600名唱诗班成员齐声合唱赞美诗，全场气氛为之沸腾，维多利亚女王称这一天为英国历史上最伟大的一天，也是她人生中最幸福、最值得骄傲的日子。

此次万国博览会是人类历史上第一次世界博览会，是一次记载着工业革命在全世界发端的博览会。各地精美的工艺品被吸引到此地设立展览，借以提高工艺水准，以及激发人们对工业文明乐观向上的情绪。博览会为期6个月，共吸引了国内外观众600多万人，成为人类历史上规模最大、最有影响力的世博会之一。

道袍细部

17世纪

会后，独具慧眼的阿尔伯特公爵决定用举办博览会的盈利来发展英国文化。1852年，他与柯尔爵士创设了国立实用美术部，并以5 000英镑购进了万国博览会的展品。同年9月6日，展品在马博罗馆正式对外展出，引起极大轰动，这个馆当时被称为“装饰艺术馆”，可以说是维多利亚与阿尔伯特博物馆的前身。1855年，英国政府决定拨巨款兴建收藏这些装饰品的正式博物馆。1859年，接管了万国博览会大多数展品的维多利亚与阿尔伯特博物馆正式完工，并逐渐发展到今天，成为全世界规模最大、创立最早的装饰艺术博物馆。维多利亚与阿尔伯特博物馆的创立也奠定了阿尔伯特公爵的英名，他被后人尊称为“博物馆之父”。

维多利亚与阿尔伯特博物馆位于伦敦市中心著名的毕加特圆形广场

玉戈

公元前12世纪，高35厘米

附近，遍布花草绿茵的文教区在其周围，更衬托出博物馆的典雅和雄伟。博物馆占地12公顷，规模相当庞大，同时它还领导着一些小型博物馆，比如伦敦的戏剧博物馆、威灵顿博物馆、童年博物馆等机构就隶属于维多利亚与阿尔伯特博物馆。

维多利亚与阿尔伯特博物馆以一场工艺博览会为开端，创设的最初目的在于收藏工艺品、装饰工艺品，借以提高大生产时代的设计和工艺水准，故馆藏多为中世纪到现代的工艺品，并不刻意强调收藏品的年代。虽然参观者在这里欣赏不到像大英博物馆的罗塞达石碑这样历史久远的文物，却可以看到在工业革命的大生产时代人们为了提高生活品质，增添生活情趣，在家具、服装等方面进行的大量精美而富有创造力的设计，那是一部人类生活向着现代高品质开拔的进行曲。它给参观者提供一种真真切切的感受，那是文明进步所带来的喜悦与满足。

维多利亚与阿尔伯特博物馆馆藏400万件，展室145间。藏品从工艺品、玻璃、银器和珠宝到家具、摄影、服装、雕像、瓷器、绘画应有尽有。博物馆最精彩的内容包括新开幕的英国馆，里面陈列了16—20世纪英国的

璜

良渚文化(公元前25世纪)，长10厘米

梨形八仙纹执壶

明嘉靖(1522—1566)，高23厘米

凤鸟云纹角形杯

13—14世纪，高12.1厘米

八鹅形盒

18世纪，直径36.2厘米

辟邪佩

元代(1279—1368)，长6.5厘米

玉镯

良渚文化，直径7.6厘米

怪兽龙把杯

17世纪，高13厘米

设计和艺术品；还有亚洲和伊斯兰馆，收藏了来自东南亚、中东、北非地区的装饰和艺术品；徐展堂中国艺术馆则展出了中国香港著名文物收藏家徐展堂先生捐赠的多种中国文物。

维多利亚与阿尔伯特博物馆最精彩的地方在于其独树一帜的特殊主题展览。该馆能够以敏锐的市场嗅觉，准确找出观众最感兴趣的题材进行展览，既能够成功地吸引观众，又能维持博物馆高水准的“品牌”形象。当贝克汉姆穿裙子变成头条新闻，不久后这里就推出了“男人与裙摆”特展。当伦敦因为《孟买幻梦》音乐剧而开始“哈印度”，“印度电影”特展旋即亮相博物馆。维多利亚博物馆十分赞赏并鼓励当代具有创造性的新潮设计，2003年底的“动物形建筑”特展，就大胆宣告建筑界近年来由大自然汲取设计灵感的设计趋势，这也是从20世纪初的“新艺术”运动以来，建筑设计界再次大规模地拥抱以自然界动植物为灵感的设计潮流。

龙首螭纹带钩

长9.8厘米

子母狗

3世纪，长6.4厘米

狗

13世纪，长7.6厘米

猪

汉代（公元前206—公元220），长11.4厘米

维多利亚与阿尔伯特博物馆还经常举办现代作品展览和各种时装展，比如英国的朋克女王各个时期的时装展览，还有展示皮耶·蒙德利安、弗兰多·莱耶、米斯·凡·德·罗等现代主义名家的雕塑、绘画、摄影、家具、时装、印刷品和建筑的大型“现代主义——设计一个新世界”展览等。在引人注目的服装史回顾展上，展示了各个时期的各种服装种类，如晚礼服、内衣、男女正装、运动装等，囊括了五大服装中心——伦敦、巴黎、米兰、纽约和东京的一件件美妙绝伦的时装精品。从中，人们不仅可以了解服装发展变化的历史，还可以了解各时代的风俗人情。在某种程度上，服装的变化史也是一部文化史，它随各种思潮的兴衰而浮沉。

牙璋

公元前20世纪—公元前16世纪，高33.5厘米

玉刀

良渚文化，长34厘米

骆驼

唐代或更晚，长9.8厘米

每周三的夜间延长开放时间是维多利亚与阿尔伯特博物馆的一大特色。在中庭充满现代感的设计中，每周会有室内乐、爵士乐手前来演奏，提供吧台服务。伦敦时髦的都市青年下班后经常呼朋引伴来博物馆放松心情，小酌一番，顺便欣赏展览。诸如此类推陈出新的设计、便利弹性的展示时间、贴心的服务和展览规则让这个有着160多年历史的装饰博物馆游客不断，成为伦敦人气极高的博物馆。也正是由于这番努力，2003年维多利亚与阿尔伯特博物馆击败众多竞争者，荣获“欧洲最佳博物馆”的称号。

维多利亚与阿尔伯特博物馆被誉为世界上最大的装饰艺术博物馆，随着装饰艺术的不断发展，它的收藏还在不断扩大。在这里，人们不但能欣赏到美不胜收的艺术瑰宝，还能了解到每一件艺术品背后的故事。

19

伦敦国家美术馆

伦敦国家美术馆位于伦敦市中心雄伟、美丽的特拉加广场北侧，1824年以实业家约翰·朱利亚斯·恩格斯坦收藏的38件藏品起家，后来不断接受私人馈赠和遗赠，逐渐发展为现在以绘画收藏为主的国家级美术馆，已有两千多幅馆藏，并集中在1260年至1900年间的绘画作品。

伦敦国家美术馆最初以贝尔·梅尔街100号的恩格斯坦家为陈列场所，美术馆成立10年后开始在特拉加广场兴建新的美术馆。主馆由威廉·维金斯设计，于1838年完工。1876年，以现在东侧厅的一部分为基

凡·高的《椅子》

《圣母子、圣安娜和圣约翰》

础，做了部分增设。1975年增建北侧厅，随后，副馆泰德展厅开放。1991年，又落成了一座连接西侧厅的新馆，使得名画宝库更趋完美：达·芬奇、拉斐尔等文艺复兴巨匠的作品；戈雅、委拉斯凯兹充满热烈情思的绘作；以及萌发新艺术风潮的莫奈和塞尚的杰作，将国家美术馆的66间展厅点缀得格外璀璨。

国家美术馆的66间展室，众多绘画作品以国家为单位分类陈列，其中意大利文艺复兴时期的绘画收藏颇为丰富。最著名的莫过于文艺复兴三杰——达·芬奇、拉斐尔和米开朗琪罗的巨作。展览达·芬奇的素描作品《圣母子、圣安娜和圣约翰》的展厅永远是人山人海。这幅素描是以寻求人物的明暗调子为准绳来描绘的。画家把圣安娜、玛利亚、基督和圣约翰四人，作为一个融洽欢聚的家庭成员加以集中表现，群像中以圣安娜与圣母的对话形式为主题，表达了一种人间家庭的天伦之情，相互交叠的身躯也给人以亲密无间的美好气氛。达·芬奇擅长以炭笔和色粉两种工具交换使用来绘画。他的素描往往形象饱满，光线柔和，立体感极强，画面上好像被蒙上一层薄雾，圣母子就在这种雾一般的环境中相对微笑着，加上画家选用的是青灰色画纸，因而炭笔所形成的朦胧感，又有一种月光下的大气感。后来达·芬奇又画了一幅同名的油画，现藏于巴黎罗浮宫，那幅画在板上的油画与当年这幅素描虽属于同一构思，但比较起来显然不如素描来得亲切和诗意盎然。这幅伟大的艺术作品1763年由英国驻威尼斯大使的兄弟R. 乌多尼从威尼斯的沙格雷德家族购得，1791年成为皇家美术学会的财产，1966年，国家美术馆从皇家美术学会购得。

达·芬奇的另一幅名画《岩间圣母》是应一个宗教团体之请为米兰

《通往基督受难处的路》

《静物》

《水果盘、瓶子和小提琴》

的圣弗朗切斯科教堂的一间礼拜堂所作的祭坛画。圣母居于画面中央，她右手扶婴孩圣约翰，左手下坐着圣婴耶稣，天使在耶稣身后，形成三角形构图，并以手势彼此响应，背景则是一片幽深岩窟，花草点缀其间，洞窟通透露光。此画虽属传统题材，但表达手法和构图布局皆表明达·芬奇的艺术水平之高深。人物、背景的微妙刻画，烟雾状笔法的运用，科学地写实以及透视、缩形等技法的采用，表明了他在处理逼真写实和艺术加工的辩证关系方面达到了新的水平。这幅画是标志达·芬奇盛期创作开始的作品。1483年至1508年间，达·芬奇共创作了两个版本的《岩间圣母》，其中一幅收藏于罗浮宫，另一幅则收藏于伦敦国家美术馆。

国家美术馆收藏拉斐尔的作品超过10幅，《骑士的幻象》是拉斐尔最早期的作品之一，《亚历山大城的圣加德琳》则是文艺复兴"弯曲线条"的典范之作，而《安西迪家族的圣母》则是那些"古典仰慕者"心目中"理想化"的范例。

米开朗琪罗的作品以壁画和雕塑居多，绘画留存相对较少，但在伦敦国家美术馆我们却可以有幸见到米开朗琪罗为数不多的油画作品，《基督安葬》《曼彻斯特的圣母》等画作，从不同角度反映了米开朗琪罗的艺术风格。

佛兰德斯和荷兰的绘画是国家美术馆内极为精彩的部分，占据了6间展室。北欧尼德兰画家杨·凡·艾克的《阿尔诺芬尼夫妇像》是以其创立的近代油画技法完成的，油画至今还保持着鲜润的效果。这幅作品在欧洲美术史上极为重要，在杨·凡·艾克之前，意大利画家还不知道如何使画面可以长久保存下去，杨·凡·艾克对颜料的改进，使得他的作品在历经500年后的今天，仍然鲜亮如新，光彩照人。杨·凡·艾克最早学会调和油来作为绘画的媒介，这种媒介的配方后来传到了意大利。如果没有杨·凡·艾克的配方，或许今天我们就无缘欣赏到拉斐尔那些光彩照人的圣母画了。

《戴草帽的自画像》

女子肖像

《祈祷的少女》

在这幅画中，杨·凡·艾克描绘了尼德兰典型的富裕市民的新婚家庭，他用极其细腻的笔调，逼真地刻画了年轻夫妇的肖像，尤其对室内的陈设，包括墙上、房顶的装饰，描绘得一丝不苟，显示了画家所特有的书籍插画的功力。阿尔诺芬尼，这个在1420年被菲力普公爵封为骑士的真实人物，在画上拘泥而彬彬有礼地和他新婚妻子在洞房中迎接贵客：他举起了右手，表示一种仪式，象征矢志爱情；新娘则伸出右手，放在新郎的左手上，宣誓要永远做丈夫的忠实伴侣。华贵臃肿的衣饰是尼德兰市民阶层中一种富有者的装束。室内的所有细节，如蜡烛、刷子、扫帚、苹果、念珠以及两人之间的小狗，都带有一定的象征性，它们提示着对婚姻幸福的联想。画面上洋溢着虔诚与和平的气氛，以表达对市民生活方式和道德规范的赞颂。在背景中央的墙壁上，有一面富于装饰性的镜子，它是全画尤其值得观者注意的细节；从这面小圆镜里，不仅看得见这对新婚者的背影，还能看见站在他们对面的另一个人，即画家本人。小镜框的四周镶刻

《德尔夫特的农家小院》

着10幅耶稣受难图，图像细小得几乎看不清了，还有两人头顶那盏金光闪烁的吊灯，其刻画之精微，为现代摄影者所叹服，这是画家特有的细密画传统画法，用镜子来丰富画面空间，正是这幅画的特色。后来荷兰的风俗画等都得益于这种画法的启示。

在佛兰德斯和荷兰展室里，鲁本斯的绘画是不可错过的精品。鲁本斯不但擅长绘制色彩绚丽的大型构图，而且擅于巧妙地使这些构图洋溢着意气风发的活力，在他的彩笔之下，油画已不再是用色彩细致点染成的素描，而是一种用“绘画”手段画成的作品，正是这种奇才使鲁本斯享有了前无古人的盛名和成功。鲁本斯在很多画中显示了他对女性裸体的爱好，如在《帕里斯的裁判》中，女性肉体丰满，色彩华丽，她们全身跳动着生命，真实地表现出肉感的美。这幅画是鲁本斯以近乎现实的写实倾向来画帕里斯的古代神话，他用自己的妻子海伦·富曼作为美神维纳斯的模特儿，背景使用极为常见的风景。牧羊人帕里斯旁边靠着树干的是信使之神默丘利，帕里斯在3个女神之中评定维纳斯为最美者，并且要送给她金苹果作为奖赏。站在维纳斯右边的女神是天后朱诺，左边的是正义之神雅典娜，复仇三女神之一的阿勒克图则面向天空。这幅画整个景象具有速写般的气势及轻快之感，并完全包围在午后温暖的光线之中。

荷兰大画家伦勃朗的作品辟有一个专室陈列，展出的油画有《34岁的自画像》《被捕的老妇人》《拿花的莎斯姬亚》《河中浴女》《老年自画像》等。《34岁的自画像》和《拿花的莎斯姬亚》是画家早年的佳作，也是画家早年幸福生活的写照。画中的人物生机勃勃、充满喜悦，尤其是莎斯姬亚——画家的前妻，这位出身名门的女子在画中显得年轻、美丽、健康、优雅，浑身散发出迷人的光彩。而《河中浴女》和《老年自画像》则是伦勃朗晚年的杰作。《河中浴女》所画是画家原先的女仆亨德里克，后来成为

《安提阿的圣玛格丽特》

他的妻子。画中待洗浴的女子正宽衣下水，神情微妙，初试水温，显出欣喜之情。伦勃朗把浴女描绘得健美丰满，并将暗部的平涂法与亮丽的厚涂法巧妙结合，使这幅画达到完美的境界。《老年自画像》深沉、忧郁而凝重，通过艺术的脸部刻画，表现了困扰画家晚年的悲哀与不幸，有一种震人心弦的力量。

伦敦国家美术馆展出的英国本土绘画并不算多，只有一间展室。这里有17—18世纪英国著名画家贺加斯、雷诺兹和庚斯博罗的大幅人物画，从中可见当时英国盛行的人物画的风貌，其中以庚斯博罗的绘画最具英国气质。他的《西斯顿夫人》《清晨散步》《绅士》等画，以柔和的色调、清新的光色描绘了上流社会的绅士淑女们的优雅、奢华与悠闲，富有浪漫的情调。在英国展室里，最引人注目的要数康斯太勃尔与透纳的绘画作品。19世纪初的欧洲风景画画坛是属于英国的，这里几乎同时出现了两位世界级的画家，那就是康斯太勃尔和透纳——英国风景画的双雄。

康斯太勃尔是一个地道的英国画家，他出生于英国萨福克郡阿尔河畔的一个风景优美的村庄。那里有潺潺的河水、翠绿的草地、葱郁的丛林……可谓风景画家的摇篮。康斯太勃尔一生的创作对象始终是家乡的茅舍、树丛，他把全部精力都放在描写自然风景上。康斯太勃尔对自己的创作是这样解释的："我生来就是为了描绘更幸福的大地——我的古老的英格兰。"他的作品没有太多思想上的深刻含义，却具有强烈的独具个人特色的绘画性，他在作品中强调三度空间的深奥和物体的真实性，晚年的作品具有表现主义色彩。《干草车》是康斯太勃尔最著名的代表作。画面描绘了一辆运干草的马车，涉过一条浅溪，往林木深处的田野走去。沾满露珠的树叶，闪烁着白色的反光；木栅围着的农舍，亲切朴素。这一切是如此自然、真实，没有一点矫揉造作。正如著名诗人和画家布莱克所说："这可不是对自然的写生，这是灵感！"

透纳和康斯太勃尔是同时代的人，但两人的绘画风格迥异。康斯太勃尔擅长描绘美丽的自然风光、恬静的乡村生活，而透纳则在表现瑰丽宏伟的自然威力面前发挥了他无与伦比的创作才能。透纳更像是一个自然的感受者，当欣赏他的作品时，观众可以感受到透纳将自己的情感也融入到了作品中，仿佛自然世界的力量要从画面的色彩中迸发出来一样。满溢着他的感受和想象力的透纳作品，就像是一部光与色的幻想曲。展室里展出的透纳作品有《朝雾中的旭日》《雨、蒸汽和速度》《波涛中的帆船》《风雨中的帆船》《雾气》《夕阳归帆》《战舰归航》等。这些画大气浑然，光影交织，笔触纵横，色彩缤纷，既朦胧虚幻，又流光溢彩，那变幻丰富的色彩犹如轻纱般轻柔、朦胧。

西班牙画派虽然只设了一间展室，但在这里陈列着埃尔·格列柯、委拉斯凯兹、苏巴朗、戈雅等大名鼎鼎的画家的巨作。除了埃尔·格列柯的《洁净圣殿》、苏巴朗的《沉思的圣方济各》等作品，还有委拉斯凯兹的《维纳斯对镜梳妆》《茶色与银色的腓力四世》，以及戈雅的《伊莎贝尔·科沃斯·德波塞尔夫人》等，都是美术史上杰出作品。

先看看委拉斯凯兹的《维纳斯对镜梳妆》。委拉斯凯兹是活跃于17世纪巴洛克艺术全盛时期的西班牙宫廷画家。横卧的维纳斯像是当时流行的题材，但如此苗条的裸女像却是独树一帜。他所描绘的人体洋溢着生命的气息，维纳斯好似从神话世界中呼之欲出。画中女神背向观众，灰黑色的丝缎映衬出她那有着珍珠般光泽的明亮肌肤。小爱神丘比特为维纳斯扶着镜子，镜中映出了维纳斯美丽的面容。画家似乎并未着意于神话题材或者理想美的表达，而意在展示人体的和谐和油画语言的丰富性。

戈雅的《伊莎贝尔·科沃斯·德波塞尔夫人》是国家美术馆引以为豪的收藏。它是戈雅肖像画中最重要的作品，也是近代欧洲肖像画的典范，体现了“永恒女性美”的浪漫理想。这幅充满自信的西班牙女性画像，是以卡斯帝里亚地区的高官夫人为人物原型，按照18世纪后期上流社会风行的典型装束所创作。画中的女子双手插在腰间，一双无忧无虑的大眼睛注视着前方，呈现出一种骄傲的、满不在乎的神态，画家以精湛的技巧，生动地画出了女子那明亮灵动的眼睛、圆润鲜艳的嘴唇、白里透红的肌肤以及黑色蕾丝披纱。

国家美术馆收藏的德国画派的绘画数量较少，只占一间展室，但是从德国文艺复兴大师丢勒的《画家之父》，以及同时代画家克拉纳游的《嫉妒》《维纳斯与丘比特》等作品中，仍能让人领略到日耳曼人绘画的精髓。在德国展室中最引人注目的要数小汉斯·荷尔拜因的《大使们》。荷尔拜因是一位在苏格兰和英格兰工作的德国肖像画家，曾在亨利八世的宫廷里效力。《大使们》的创作是为了纪念法国学者、拉沃尔主教塞尔维对他的朋友——法国驻伦敦大师迪特维尔的一次拜访。两位大使随意地站着，两人中间的橱柜上堆放着各种各样的东西，在柜子顶端我们可以看到一席土耳其毛毯、精致的天体仪和各种各样的天文学用品，底层又有一个地球仪、一本叫《机械算术》的书和一本赞美诗、一把琵琶及几根笛子。两位大使都被描绘成年轻、有教养、有文化并且是成功的，迪特维尔的短

《维纳斯与丘比特》

《向日葵》

《花瓶》

剑上的刻字表明他29岁，塞尔维侧旁的书上的刻字则表明他25岁。画家着力表现出人物的社会地位、性格特征和心理状态，并吸收了意大利式的肖像技法。显然，画家并未矫揉造作地去故意美化、粉饰他们，而是以直观的、高度写实的手法忠实地记录了自己的感受和理解。他严谨、扎实的素描风格影响了德国、英国、法国、荷兰等国画家。但是，贵族习气的呆板和矜持也给作品带来了僵化的痕迹，这与迎合当时宫廷趣味的“矫饰主义风格”有关。荷尔拜因的素描线条比较简单，面部重点刻画，其他部位基本用线条简单表现。这位16世纪的德国画家的画上没有一处是信手为之，感动我们的是那精细的优雅。他的画像丝毫没有戏剧性，但我们看得时间越长，画像就越能揭示被画人的内心和个性。

伦敦国家美术馆为法国绘画安排了3个展室，囊括了17—19世纪的代表画家，甚至还有14世纪无名画家的作品。美术馆对法国绘画的分期、分类做得极为细致，不仅把3个世纪的绘画独立成室，还依据新古典主

《酒神和阿莱达》

《别碰我》

义、浪漫主义、现实主义、印象派、后印象派等类别来做更进一步的分类。这里名家众多，数量有上百幅之多。普桑、洛兰、路易·勒南、华托、夏尔丹、大卫、安格尔、德拉克洛瓦、杜米埃、柯罗、米勒、库尔贝、马奈、莫奈、西斯莱、毕沙罗、雷诺阿、德加、修拉、塞尚……古典主义、浪漫主义、现实主义、印象主义诸大师应有尽有。其中普桑的《酒神祭的狂欢》、安格尔的《静坐的莫瓦特雪夫人》、德拉克洛瓦的《简·格利小姐死刑》、杜米埃的《唐吉诃德与桑丘》、库尔贝的《静物：苹果与石榴》、马奈的《女侍》、雷诺阿的《浴者》、莫里索的《夏日》、莫奈的《睡莲》、修拉的《阿斯尼埃河游泳》以及塞尚的《大浴女》都是难得一见的精品，真是让人目不暇接。

伦敦国家美术馆虽名曰“国家”，但其收藏、陈列的却是世界级的艺术珍品，称其为“世界美术馆”也丝毫不过分，如此众多的稀世瑰宝，令人流连忘返。

20

蓬皮杜艺术文化中心

蓬皮杜艺术文化中心是坐落于法国首都巴黎拉丁区右侧、塞纳河右岸的现代艺术博物馆。这是一个使造型艺术、建筑艺术、城市规划艺术、电视电影、文学、音乐、舞蹈以及其他种种最现代化的表现手段在一起相得益彰，充分展示它们的不同形式，体现它们的相互关系，表现当代思想的活动及其艺术实践的场所。艺术中心是1969年由当时的法国总统乔治・蓬皮杜1969年倡议兴建的。当时，蓬皮杜总统热切希望为巴黎创建一个文化中心："既可以作为博物馆，又是活动中心的文化场所和创作空间，使美术与音乐、电影、书籍和视听研究一起相得益彰。"1972年蓬皮杜艺术文化中心正式动工建造，1977年落成并对公众开放。

蓬皮杜艺术文化中心外貌奇特，乍一看，人们根本不会认为这里是文

罗丹雕塑

化艺术中心，它不像我们常见的博物馆，也不像一般的歌剧院、图书馆，倒像是一幢地地道道的化工厂。整个外形就是许多纵横交错的管道和钢架的组合，像一座还没有撤出架子的尚未完工的建筑物。有人认为这是中世纪的一艘破船，也有人认为这是一个现代化的化工厂，但多数人赞扬它为“像神话般的建筑”。钢结构的梁、柱、桁架、拉杆，甚至涂上颜色的各种管线，都不加遮掩地暴露在立面上。管道不同的颜色以区别不同的功能：红色的是交通运输设备，蓝色的是空调设备，绿色的是供水、排水管道，黄色的是电气设施和管线。人们从大街上可以望见复杂的建筑内部设备，五彩缤纷，琳琅满目。在那一条条巨形透明的圆筒管道中，自动电梯在忙碌地接送参观者。无论如何，这种突破传统的大胆设计，似乎更能吸引人们强烈的兴趣。

蓬皮杜艺术文化中心门前的空场地呈坡形，可容纳自发性的娱乐活动及露天表演，使传统的街头艺术得以恢复，成为卖艺者自由活动的天堂。在它周围，中世纪街巷密如网布，完全禁止机动车辆通行。

走进蓬皮杜艺术文化中心，迎面就看见从天而降下垂着许多巨大的黑色充气圆球——这当然是现代艺术装置作品。各种带着商业时代广告色彩以及工业机械时代节奏的雕塑作品，让参观者顿时对雕塑有了全新的感受。从这里人们会发现，现代艺术的触角已无所不及。造型艺术、建筑艺术、城市规划艺术、电视电影、文学、音乐、舞蹈等，都有了“玩一把”的舞台。仅仅看绘画雕塑类，毕加索、勃拉克、康定斯基、马蒂斯、米罗、达利等大师的大胆创新之作，都是世界美术史上的经典。令人感慨的是，这些当初看上去如此荒诞不经的艺术创意，如今已经深入人们的生活。这里还不定期举办展览会，仅1978年就举行了近50个展览，上千次文学及哲学讨论会和演出活动，还有电影放映、戏剧表演等，成为当代艺术创作活动的见证。整个艺术文化中心是由电子计算机控制、协助管理，如检索信息、统计出入人次等。

蓬皮杜艺术文化中心收藏了数量巨大的现代艺术作品，主要是20世纪至今的现代艺术品，这些收藏实际上与罗浮宫的收藏是一个整体，都属

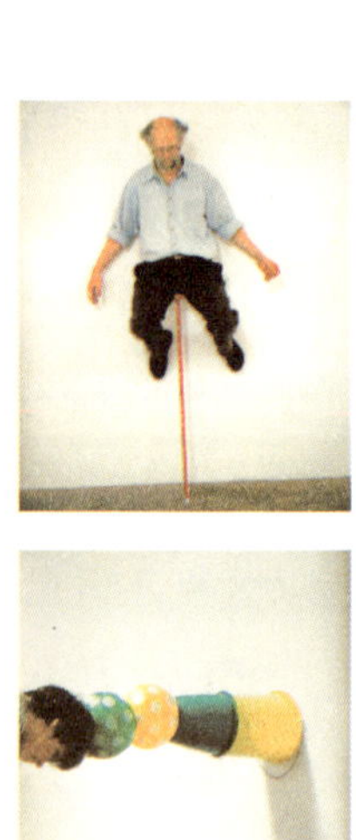

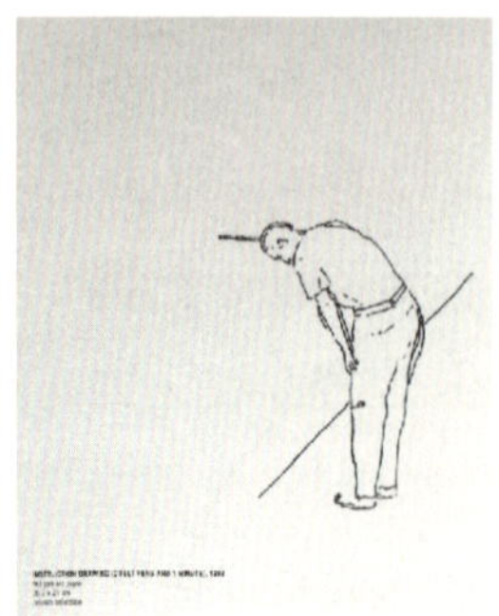

erwin wurm 一分钟雕塑

当雕塑离开了美术馆中万人敬仰的艺术神台，当身体摆脱僵硬的材质回归本源，当瞬间平衡打破永远的凝固，当艺术成为大众消费，当快餐主义占有主导地位，当荒诞成为永恒的主题，一分钟的雕塑由此而生

于国有的艺术收藏，只是被划分为不同的博物馆。蓬皮杜艺术文化中心收藏品的创作年代始于1905年开始的立体派以及由此往后直到现在100余年的艺术品，特别是这期间那些非常有代表性的艺术品，它对现当代艺术品的收藏是相当完整的。同时，这里的收藏是国际性的，20世纪初叶至今各个国家的现当代艺术作品，无所不包，而且收藏还在继续。建馆之初，艺术中心主要是通过国家主动购买那些过世的杰出艺术家的代表作品来建立收藏，后来接受捐赠成为收藏的一个重要手段。

蓬皮杜艺术文化中心由工业创造中心、公共参考图书馆、国家现代艺术博物馆、音乐—声学协调研究所四大部分组成，供人们参观、学习并从事研究。与此同时，中心还专门设置了两个儿童乐园。一个是藏有2万册儿童书画的儿童图书馆，里面的书桌、书架等一切设施都是根据儿童的兴趣和需要设置的；另一个是儿童工作室，4岁到12岁的孩子都可以到这里来学习绘画、舞蹈、演戏、做手工等。工作室有专门负责组织和辅导孩子们的工作人员，以培养孩子们的兴趣和智力，帮助孩子们提高想象力和创造力。

工业创造中心主要通过各种展览会和图书资料向观众介绍有关市政建设、生活环境及各种工艺产品的发明和创造情况，同时还向观众提供各种日常消费品的资料与咨询。

公共参考图书馆完全不是传统意义上的那种旧式图书馆，它拥有当代书籍30万卷，期刊2 400种，幻灯片20万张，微缩胶卷1.5万个，唱片1万张及各种电影、录像、地图、磁带等。馆内设施一律开放，读者可随意翻阅开架图书，也可以通过录像机随意选看介绍各国文学艺术、科技、民俗等情况的电影、录像；音乐爱好者可以戴上耳机自由欣赏自己挑选的唱片。馆内到处都设有放大阅读机和复印机，读者可随时用以查阅微缩胶卷和复制资料。这里还附设有语言学习室，共有40个小房间和40种语言的有关教材、资料，人们在此可以听录音，看教材，选学各种语言。

国家现代艺术博物馆也与那些旧的艺术博物馆不同，集中突出了“现代”二字，专门介绍20世纪以来的西方各种造型艺术，包括立体派、抽象派、超现实主义派、结构派、概念艺术及流行艺术等各种流派的2 000幅作品。馆内藏品的陈列方法也是现代的：一条主要线路按时间顺序排列着各个流派艺术的代表作，周围分设许多小展室，分别介绍某流派、某作家的作品，使观众既可以了解现代西方艺术的概貌，又可以对某一感兴趣的流派或作家进行深入研究。馆内还设有可以升降移动的板架，挂有那些未展出的作品，一按动电钮，这些自动板架便可将那些观众所需而未展出的藏品展示在人们面前。

音乐—声学协调研究所为避免噪声干扰修建于大厦旁边的地下，其主要功能是让音乐工作者能够利用现代的设备和技术来从事创造。此外，它还从事研制新乐器和各种音响设备的工作。

值得一提的是2003年6月至2003年10月，作为在法国举行的中国文化年重点展览，蓬皮杜中心历史上第一次举办中国大型当代艺术展“中国怎么样？——中国当代艺术展”，这也是中国当代艺术在法国乃至国际上规模最大的一次展示。展览空间约2 000平方米，共有近50位艺术家超过100件作品参加。展览力求展现中国当代较年轻一代艺术家的创作面貌，以不同形态和多种媒介构成中国当代艺术的多元景观，在艺术媒介和语言上有很大的交叉性、综合性。

展览主要包括了绘画、雕塑、摄影、装置、录像、电影等视觉艺术形态以及建筑、电影和音乐等形式，其中视觉艺术部分选取了近40位艺术家的作品，参展艺术家包括王广义、方力钧、刘小东、冯梦波、张培力、施慧、卢昊、邢丹文、宋东、杨福东、汪建伟；电影人贾樟柯、张艺谋、陈凯歌、宁瀛、雎安奇；音乐人郭文景、崔健、何训田；建筑家马清运、王术、张永和、刘家琨等50余位艺术家参展。展览结束后，蓬皮杜艺术文化中心收藏了方力钧、翁奋等中国艺术家的作品，进一步丰富了该馆的中国当代艺术收藏目录。

2005年法国文化年，蓬皮杜艺术文化中心又远渡重洋来到中国，举办了在中国的首次展览，即“新浪潮—来自蓬皮杜中心的法国当代艺术大展”。“新浪潮”展览根据年代顺序划分为20世纪六七十年代、80年代

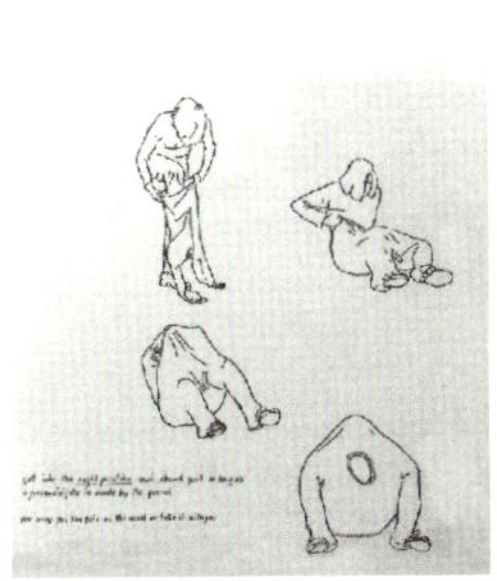
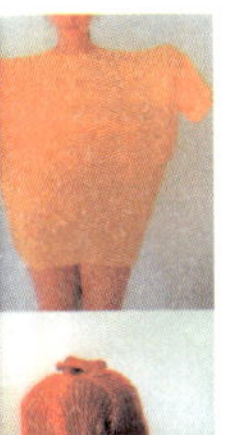

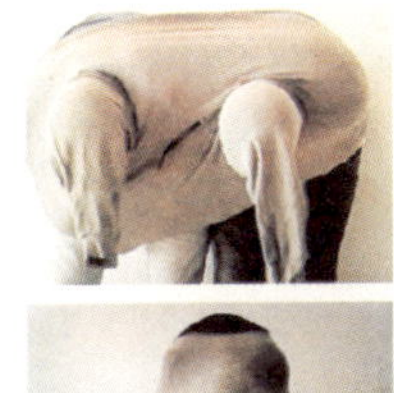
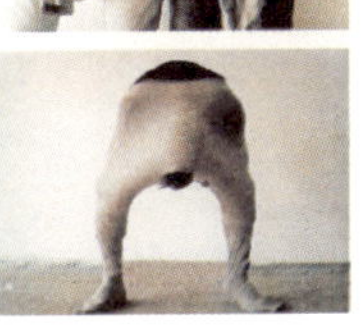
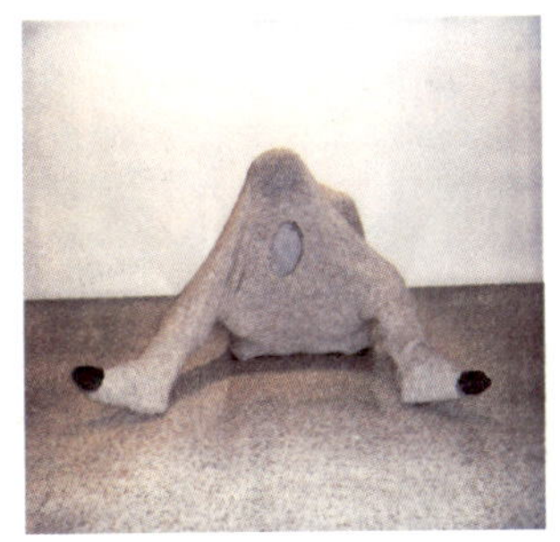
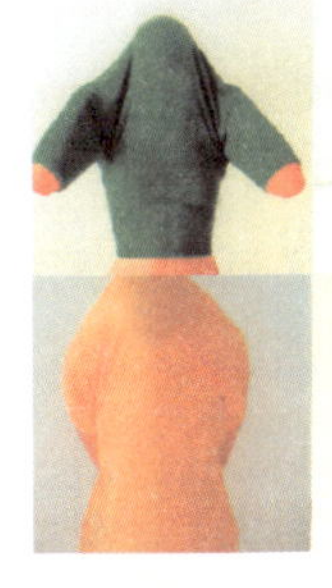

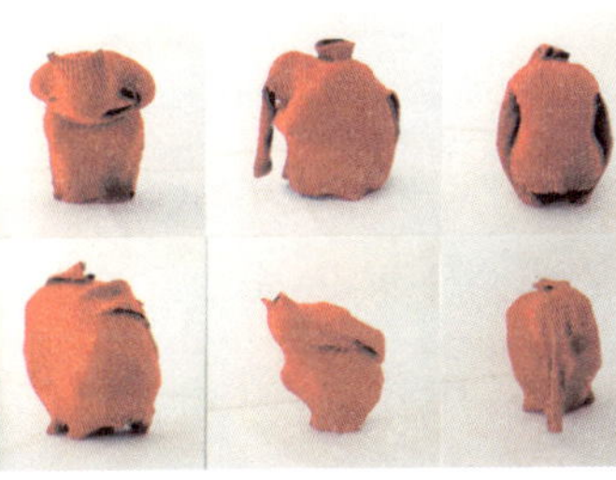

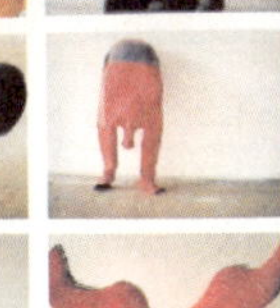

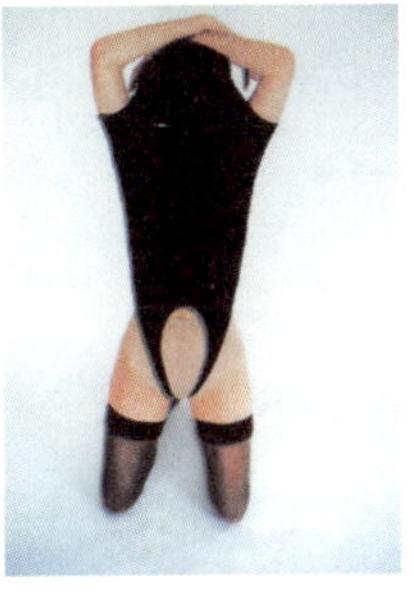
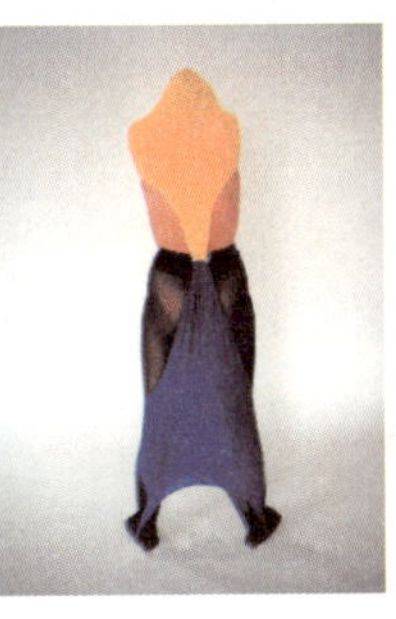

《衣物行为》雕塑

从古到今，无论写实或抽象、表现与构成，人体都是雕塑最依恋的主题，被不断以各种形式表现的身体在作者的作品中连同它最亲密的伙伴——衣服，对这些“玩弄”了自己千年的雕塑概念进行了“报复”，荒诞与滑稽的侧面隐藏着对当代生活的反思

以及90年代及之后的艺术，结合不同类型的创作：绘画、摄影、录像、实验电影和多媒体装置等，充分展示了一个具有一贯性的法国当代艺术全貌，并重点探讨绘画、摄影等固定图像和电影、录像等运动图像之间的相互影响。展览共展出13部电影、10部录像、26幅绘画、30幅照片和7个影

室内装饰

像装置等作品。每幅参展作品的艺术家都是世界级大师，世界一流的作品更曾在各种国际艺术展览上获得大奖和轰动。艺术家克里斯蒂安·博尔坦斯基（Christian Boltanski）、让-马克·比斯塔芒特（Jean-Marc Bustamante）、阿奈特·梅萨热（Annette Messager）、马夏尔·雷斯（Martial Raysse）、阿尔芒（Arman）、帕特里克·托萨尼（Patrick Tosani）、雅克·德·拉维勒特莱（Jacques de La Villegle）等都是世界当代艺术史中的名家大师，他们的作品都属于蓬皮杜的“150件收藏精品”系列。展品之精彩、规模之巨大、形式之生动、视野之开阔引发了各年龄层的观众热潮。中法文化年的精神“创新、革新和欢乐”在此次展览中得到完美体现。

更令人瞩目的是，蓬皮杜艺术文化中心2019年11月已在中国上海设立分馆。

蓬皮杜艺术文化中心，法国巴黎市内一块夺目的瑰宝，虽然曾经因为反传统的奇特外形而备受非议，但现在已越来越为人们所接受和喜爱，每年都有成千上万来自不同国家的人前来参观这座现代化建筑，仅开架式图书馆一处，平均每天接待1万人。在这里，人们可以感受到建筑艺术的魅力，欣赏那巧妙的构思，还可以看到像图表一样清晰的建筑图案。它不仅是一个名副其实的艺术文化中心，而且是巴黎的一大名胜。如果说罗浮宫博物馆代表着法兰西的古代文明，那么蓬皮杜艺术文化中心便是现代巴黎的象征。

21

奥赛博物馆

奥赛博物馆，又称“19世纪艺术博物馆”，与罗浮宫、蓬皮杜中心一道被称为巴黎三大艺术博物馆。它坐落在巴黎市中心、塞纳河左岸视野最宽阔的地带，与罗浮宫、橘园美术馆隔河相望，不仅地理位置优越，而且富丽堂皇，被誉为“欧洲最美的博物馆”。

奥赛博物馆是由废弃多年不用的奥赛火车站改建而成，1986年底建

《舞蹈课》

《拭脚的裸女》

希拉尔·德加

《吹笛的男孩》

成开馆。改建后的博物馆长140米、宽40米、高32米，馆顶使用了3.5万平方米的玻璃天棚。博物馆实用面积5.7万平方米，共拥有展厅或陈列室80个，展览面积4.7万平方米，其中长期展厅1.6万平方米。进入奥赛博物馆内，一个庞大的火车站的原型仍清晰可见，墙上一个巨大的、古色古香的时钟让时光仿佛回到了19世纪。旧火车站的建筑结构独特新颖，主大厅的钢筋结构通过拉毛粉饰从外部被巧妙地遮覆起来，中间是巨大的穹隆半圆屋顶，屋外明亮的阳光透过玻璃圆顶照射进来，可在自然光线下欣赏艺术作品。主大厅四边排列着许多石拱门，这些石拱门融合文艺复兴盛期的古典主义风格，不但具有高雅的艺术品位，而且形成很大的展出空间。

奥赛博物馆的收藏博大精深，拥有近代艺术品4 700多件，最享有盛名的是19世纪下半叶精美的艺术收藏品，其范围涵盖了绘画、雕塑、家具、艺术物品、建筑、素描和摄影等方面。特别是集中展示了印象派的作

《金发女郎》

《公寓一隅》

《撑阳伞的女子》

品，是世界上收藏印象派主要画作最多的地方，因此有人称这里是印象主义画家的殿堂。

奥赛博物馆的展品按艺术家的年代和流派分别陈列在大厅的底层、中层和顶层。底层展出的是1850年至1870年的绘画、雕塑和装饰艺术作品，其中有安格尔、德拉克洛瓦、德加、莫奈、罗丹等的作品。中层陈列的是1870年至1914年的作品，其中有第三共和国时期的官方艺术、象征主义、学院派绘画以及新艺术时期的装饰艺术作品。顶层则集中展示印象派以及后印象派画家的作品。

为奥赛博物馆赢得巨大声誉的艺术家不可胜数，他们中大多来过巴黎，有的终生居住于此，巴黎为他们带来了艺术灵感，在很大程度上影响着他们的创作。在他们的艺术道路上，巴黎或是起点，或是推动，或是转折。现在，就让我们随几位大师的引领去领略一下奥赛博物馆的风光吧。

首先来看看青铜雕塑《地狱之门》，这是法国著名雕塑家罗丹的代表作。从1880年罗丹就开始创作《地狱之门》，但直到他1917年去世，这座巨型雕塑仍然没有完成，可见工程之大。《地狱之门》群雕门饰取材于文艺复兴时期大诗人但丁的长诗《神曲》中的“地狱篇”。为了表现那些运动中的生命，罗丹雕塑了186个分别为情欲、恐惧、理想而不断争斗、折磨自己的形象。这当中，有雄健的躯体，也有柔美的裸身，其中的主要形象后来成为独立的作品，如《思想者》和《吻》便是其中最杰出的作品。关于《思想者》同《地狱之门》的关系，罗丹在1904年发表过声明："关于《思想者》有一段故事，在以往的日子里，我整天酝酿着《地狱之门》的构思。在一扇门前，但丁坐在岩石上，正在思考着他的诗句。在他的背后有《神曲》中所有的角色。消瘦的苦行者但丁同一切脱离，无任何目的。而我由于最初灵感的启发，联想到另一个思想者，一个裸体的男人也坐在岩石上，脚蜷缩在下面，拳头托着他的下颚，他正在思考。"《思想者》可以说是艺术家自己的化身，他的深奥思想由于创造的杰作而显示出来。在《地狱之门》中，思想者也是被打入地狱的人。这个全身都在思考的裸体巨人，成为这个"万恶世界"的目击者和痛苦的思想者，他居于《地狱之门》的顶上。雕刻家说过，一个人的形象和姿态必然显露出他心中的感情，形体表达内在的精神。对于懂得这种看法的人，裸体是具有丰富意义的。他以身体和头脑同时沉入永不停息的冥想。罗丹常常孤独地迷恋一块大理石，静静地沉思，直到在石头中幻视出美的形象才动手制作。在他工作室里做模特儿是不受拘束的，不必摆规定的姿势，可以自由地走动。雕刻家仔细地观察和想象，注视他们的神态与心情。每当发现中意的情态时，立即神速地塑出草图。在塑造技巧上，罗丹始终在探寻不求形的完整、轮廓不甚明确而富有绘画性质的手法，同时放松对局部的琢磨，强调总体的精神感觉，使人物形象好似从光线和空气中浮现出来，因而为雕刻中的印象主义开了先河。

为巴黎凯旋门创作的浮雕《马赛曲》曾为它的创作者吕德带来了万国博览会的雕刻金牌奖，并享受终身的荣誉。《马赛曲》是1792年，奥国军队武装干涉法国革命时，马赛人民威武雄壮地开赴巴黎战斗时所唱的爱国歌曲。法兰西共和国建立以后，立即被决定用作法国国歌。吕德借用这一曲名作为浮雕的题名，宣传法兰西人民的爱国主义思想，使这一尊浮雕成为象征人民民主思想的纪念碑。浮雕《马赛曲》分为两个部分：象

《蓝衣舞者》

《芭蕾舞彩排》

征自由、正义、胜利的自由女神占据整个浮雕的上半部，正从人们头顶上疾驰而过。她右手持剑，左手高举，在号召人民向她指引的方向冲去。她那张开的羽翼、飞舞飘动的衣裙和召唤性的内在激情，表现出急速的运动和奔放的革命热情。两腿大步向前迈进，更加强了浮雕形象的前进感。下半部是一群志愿军战士，在女神的热情号召下蜂拥前进，其中心人物是一个有着大胡子的战士，他带领自己年轻的儿子一起参加战斗，少年依傍着父亲，走得更加坚定有力。和这个跃跃欲试的激动少年相对应的，是走在其后的沉着刚强的老人，他仿佛多次为自由而战，今天为了祖国又从容奔赴疆场。行列的最前面，号手正在吹响进军号，其余人物有持盾牌和宝剑的战士，有弯腰系结兵器的弓箭手，这些细节预示着战斗即将开始。所有这些人物被组成一个整体，显示出一种剑拔弩张的声势。

卡尔波是法国19世纪著名的雕塑家，他早年是浪漫主义雕塑家吕德的学生，后来他将严谨的写实手法与大胆新颖的艺术构思结合在一起，其作品生动活泼，结构紧凑，形成自己的个人风格。奥赛博物馆正中大厅陈列的《世界四大洲喷泉》是卡尔波的代表作品之一。这件作品是巴黎卢森堡公园的一个大水池喷泉的主题雕刻。作者卡尔波依照伽利略的科学发现——“地球呈旋转状”，将四大洲按地球的旋转表示，即刻画人体的四分之三正面、侧面及背面。作者以巧妙的构思和高超的技法，让4个裸女能一边共同支撑地球仪，一边又能出现集体旋转舞蹈的效果。4个雕像中留着长辫子的中国人代表亚洲，被铐脚镣的黑人代表非洲。作品造型生动优美，形象鲜明活泼，构图豪放洒脱。

《着晚宴服的少妇》

《自画像》

《女人与咖啡壶》

《白马》

《自画像》

奥赛博物馆的顶层是印象派绘画的天下，印象画派的经典之作基本都荟萃在奥赛博物馆，奥赛博物馆因而又有“印象画派美术馆”之称。奥赛博物馆有德加的《蓝衣舞者》《苦艾酒》《芭蕾舞彩排》《在地板上伸懒腰的浴女》《舞蹈课》《拭脚的裸女》《赛马场》，马奈的《罗拉·德·凡内丝》《吹笛的男孩》《阳台》《裸胸的金发女郎》，莫奈的《花园中的妇女》《原野中的火车》《阿尔让特依河岸》《公寓一隅》《撑阳伞的女子》《干草堆》《莲花池，粉红色的和谐》《蓝色睡莲》《伦敦国会大厦》，雷诺阿的《阳光效应》《着晚宴服的少妇》《红磨坊的舞会》《城市之舞》《少女与玫瑰花》《浴女》，塞尚的《自画像》《吊死者之家》《白杨树》《苹果与橘子》《女人与咖啡壶》《玩纸牌的人》，凡·高的《炉前的村妇》《蒙马特尔的小咖啡馆》《意大利女子》《午憩》《阿尔的教堂》《树下的男人》，高更的《自画像》《漂亮的安隔勒》《白马》《喜悦》《香蕉》《海边的大溪地女人》等。

印象派的创始人虽说是马奈，但真正使其发扬光大的却是莫奈，奥赛博物馆所收藏的莫奈作品，也是最具印象主义风格的。莫奈对光影之于风景变化的描绘，已到走火入魔的境地。他对光色的专注远远超越物体的形象，使得物体在画布上的表现消失在光色之中。他让世人重新体悟

《意大利女子》

《蒙马特尔的小咖啡馆》

《睡莲池》

到光与自然的结构。这一视野的嬗变，以往甚至难以想象，它所散发出的光线、色彩、运动和充沛的活力，取代了以往绘画中僵死的构图和不敢有丝毫创新的传统主义。莫奈中年创作的“卢昂大教堂”系列画对物像的形体更趋于忽视，为了探求色彩的变化，画家反复去画卢昂大教堂这个主题，而完全不是为了主题本身，充分显示了印象主义绘画通过写生敏锐地捕捉对自然界光色的“瞬间印象”的艺术特点。43岁的莫奈在吉维尼定居后，在庭院里修了一个池塘，养在池塘里的睡莲成为他晚年描绘的主要对象，由此创作了一系列“睡莲”。在莫奈的“睡莲”系列中，与其说是用色彩表现大自然的水中睡莲，不如说是用水中睡莲表现大自然的色彩。评论家瓦多伊的评价是，“他早期的那些画没有一幅能与这些难以置信的水上风景相提并论，因为这些画把握了春天，把它留在人间。画面的水呈浅蓝色，有时像金的溶液，在那变化莫测的绿色水面上，反映着天空和池塘岸边以及在这些倒影上盛开着清淡明亮的睡莲。在这些画里存在着一种内在的美，它兼备了造型和理想，使他的画更接近音乐和诗歌”。

塞尚被称为“现代绘画之父”，美术史上有“塞尚以前”“塞尚以后”的说法，塞尚被看作是一个分水岭。作为第一个从真正意义上用主体意志改变艺术对象的画家，塞尚对画面结构的处理和解释给后来的立体派绘画以直接的启发。塞尚对艺术具体的贡献是“用色彩造型”、“艺术变形”和“几何程式”。他的作品，不是由线构成，而是色彩的产物。奥赛博物馆收藏的《玩纸牌的人》是塞尚的代表作品。在画中，两个玩牌的人并不具有特别的意味，画家用处理静物的方式描绘人物，对画中的人物具体细节的刻画，没有性格、心理的展现，他们只是被画家视为某个色块和结构。极具体积感的人物、桌子和背景组成了一组结实的整体，在厚实的造型中表现出韵律和节奏。该画的色彩效果是通过人物的衣服、桌子和背景上面的紫、深蓝、黑、赭石、黄褐和红等颜色的相互对比而产生。画中的人和物都很有形式感，这种形式感不是自然物像的模仿和翻版，而是经过画家的主观感受重新创造的，表达的是塞尚的主观世界。塞尚的这种表现主观世界的绘画，开了欧洲现代绘画的先河。

再来看看凡・高的《向日葵》和《阿尔的教堂》。凡・高的名字，今天的人们可能都不会陌生。这位激情近于疯狂的天才画家，出生于荷兰北部的布拉班特省，几乎没有受过什么正规的绘画训练，一生贫困潦倒，每天为弄到画布、油彩和画具而奔波劳碌，精神上也不断处于矛盾的状态，为追求艺术的完美而承受着压力，这些即使不是他后来罹病的直接原因，也给他的生活埋下了悲剧的种子。凡・高着意于真实情感的再现，也就是说，他要表现的是对事物的感受，是他所看到的视觉形象。凡・高对向日葵一直情有独钟，而且不停地画。他一生画了十几幅“向日葵”，在他眼里，向日葵不是寻常的花朵，而是太阳之光，是光和热的象征，是他内心翻腾的感情烈火的写照，也是他苦难生命的缩影。《阿尔的教堂》是凡・高晚期的作品，1890年6月创作于阿尔村。当时凡・高处于最艰难困苦的阶段，离开圣雷米精神病医院后，曾在那里度过了一段平静又充满幻想的岁月，但此后又陷入极度痛苦和疯狂之中。从他那浓重而扭曲的笔画、所用的厚厚的颜色可以看出他内心有一种十分强烈的、几乎疯狂的戏剧感受。在凡・高的眼中，天空不是宁静、清晰的，而是由某种奇怪的天体力量促动着。画面上，柏树长长的枝条仿佛是被扭曲了的火焰，太阳看上去随时要爆炸。画作表明了凡·高对生活的悲观认识。在他的笔下,所有的人和事都充满了暴力和绝望,凡·高把一切东西都扭曲、变形了。

除了日常固定展览,奥赛博物馆还经常组织一些主题展览、演出、音乐会、专题讲座等活动。从2002年10月开始,一个专门的摄影艺术展厅投入使用,现在还有了多媒体放映室等。自从1986年开馆以来,奥赛博物馆取得了很大的成功,并一直致力于艺术品的购买、收集,使其收藏不断得到更新和丰富,直到今天还在继续丰富着它的辉煌。

22

慕尼黑美术馆

慕尼黑美术馆位于德国南部、慕尼黑市中心偏北的一处绿地中。这个由旧美术馆和新美术馆组成的州立美术馆是德国引以为豪的绘画宝库。

1825年，狂热的艺术爱好者路德维希一世即位，为将巴伐利亚公国维特尔斯巴赫家族的艺术藏品公之于众，他聘请建筑师雷奥·冯·克兰茨设计建筑一座大型美术馆。1836年，这座具有威尼斯文艺复兴时期建筑风格的美术馆竣工，也就是现在的旧美术馆。旧美术馆建筑的采光设施十分完善，自然光线充足，精心设计的淡绿色和灰色墙壁柔和清新，使游客得以尽情欣赏精美的艺术品。旧美术馆不论在藏品或是建筑本身的设计方面都相当用心，由此可看出维特尔斯巴赫家族对艺术的热爱。慕尼黑美术馆旧馆展出的是文艺复兴时期至18世纪的欧洲古典绘画。它不仅拥有以丢勒为代表的德国文艺复兴时期的众多大师之作，而且收藏了意大利文艺复兴、17世纪荷兰和佛兰德斯绘画的大量精品，但使旧馆饮誉全球的是其收藏的鲁本斯的绘画作品。

新美术馆隔着特雷吉因路与旧美术馆相对，它具有现代化的外观，以德国浪漫主义和自然主义绘画为中心，展出19世纪欧洲各地的绘画。它的前身是路德维希一世为自己的藏品建立的私人美术馆。新美术馆于

1844年动工，9年后完工开馆，展出了300件作品。从1880至1910年间，由于国家的资助和以夏克伯爵的捐赠为主的美术馆基金，新美术馆得以不断地收集绘画，此时它的藏品范围已扩大至包括莫奈、塞尚、凡・高和高更等法国近代画家的绘画作品。1939年第二次世界大战爆发，新美术馆的建筑因遭到空袭而损毁，1949年起，美术馆中的部分绘画移至市内的一些私人美术馆或以艺术家宅邸改建的美术馆展出。直到1981年，现代的新美术馆重新开馆，成为纵观19世纪和20世纪欧洲绘画的大型美术馆，树立了其在国际美术界的地位。

慕尼黑美术馆的镇馆之宝是陈列在旧美术馆中的《劫夺吕西普的女儿》。此画作于1618年，是佛兰德斯巴洛克画风杰出画家鲁本斯的代表作。题材取自希腊神话中主神宙斯与丽达所生的孪生兄弟卡斯托耳和波吕刻斯，合伙抢劫迈锡尼王吕西普的两个女儿为妻的故事。画面上人和马占据了整个空间，人和马的交错动势，产生了强烈的运动感。天刚蒙蒙亮，两个正在睡梦中的少女就被两个壮汉抢掠而去……枣红马、腾空而起的灰白花斑烈马与两个黑红肤色的壮汉及两个粉红肉体的少女交织在一起；迎风飘扬的斗篷，强烈而有力的斜线，近大远小的特写表现，以及色

《劫夺吕西普的女儿》

1618年绘制。画面中的两个女人是孪生姐妹，两个男人是孪生兄弟。画面中双子神正在强劫姐妹，两匹马被他们的动作所惊扰，正在跳起厮鸣

彩、质感、动势感的强烈对比与反衬给人一种突如其来的惊心动魄之感。让人叫绝的是这丰满、拥挤的构图并没有使人感到憋闷、压抑，这紧张、动荡的暴行并没有使人感到忐忑不安。有意压低的视平线使大面积的天空和清新的朝霞展现出来，不但缓解了紧张的气氛，也更进一步强化了这欢快爱情的主题。作者在画中表现的是一幕带有戏剧性的远古时代的“抢婚”风俗。从那有意强调的女性肉感，从那有意把少女中年化了的表现方式都可以反映出作者既是对大胆追求爱情的赞颂，又是对放纵生命力的赞赏，这新兴贵族的新的审美趣味，也是人文主义精神的进一步延伸。

慕尼黑旧美术馆收藏了许多丢勒的作品。丢勒是德国著名画家，出身于纽伦堡金银匠师世家，从小就接受金银首饰工艺所必需的雕刻和绘画技艺训练。1495年24岁的丢勒在纽伦堡开设了自己的版画作坊。1498年创作完成的16幅木刻组画《启示录》使丢勒声名鹊起，得以跻身名画家之列。自画像在16世纪的欧洲并不普遍，丢勒创作了一系列自画像，使他成为西方美术史上的自画像之父。美术馆中陈列的《披毛皮大衣的自画像》描绘的是丢勒28岁时的形象，显然，他有意模仿中世纪绘画中的基督形象，庄严、深沉，深色的背景更加强了宗教气氛。炯炯的目光、拉紧的嘴角，尤其是那只经络分明的手，透露出被画者的自信和力量。头发、胡须、皮肤、毛领、皮衣、衣袖上丝织装饰的不同质感得到了充分表现，显示出画家高超的技艺。《奥斯瓦尔德·克雷尔肖像》是丢勒创作的众多肖像画中最杰出的一幅，表现了上升时期新兴资产阶级精英的积极进取精神和日耳曼人的严峻、刚毅。《哀悼基督》和《基督降生》虽是宗教题材的绘画，但其中或悲痛或欢快的感情是那么真实，使人很难不被打动。《四使徒》是丢勒晚年最重要的作品。这幅油画不仅体现了丢勒的人文主义思想，还蕴含着他对宗教改革的鲜明态度。全画是在两块狭长木板上完成的，左边一块，画的是约翰与彼得；右边一块，画的是保罗与马可。4个人都是《圣经》传说中的著名人物。他们或面目慈祥，或神情威严，或双目犀利，或举止收敛，代表着4种典型的性格。丢勒借此画塑造德国社会改革的推动者和捍

《披毛皮大衣的自画像》

《哀悼基督》

这幅画画面人物各具表情，色彩明亮，基督身体被拉长，而画面下角的人物则被缩小，远处是幻想中的城市轮廓

卫真理的保卫者形象，发表自己的政治宣言。大胆奔放的笔触，沉郁浓烈的色彩，凝聚着日耳曼人的性格特征，是丢勒晚年在油画技法上的革新。

相对于旧美术馆以收藏宗教画为主，新美术馆则以收藏诸如凡・高、莫奈、高更等19世纪以后近代绘画巨匠的作品为主，这里有不少我们耳熟能详的名画真迹。馆内共收藏有400多件书画与雕塑作品，囊括了印象派、新艺术派与象征派画家的作品。《花瓶中的十二株向日葵》是凡・高的静物画中的精品之一。他以饱满的笔触表现了各种各样向日葵的形态，似乎在展示向日葵的全部生长过程，既有盛开的，也有枯萎的。凡・高的画中鲜亮的色彩和平涂的笔触，具有强烈的表现力，面对着凡・高的向日葵，总会被画面上那种强烈的生命的气息所感染。再看莫奈的“睡莲”系列：在一片灵动的水汪汪的油绿蓝黛世界，水波的潋滟、光影的美感搅得人欲静不能，欲动不忍，就这样荡漾出害眼疾的莫奈，一生对光与水的渴望。高更的《特・塔玛利・诺・阿托亚（神的儿子）》是一幅将大溪地的家畜小屋、

《基督降生》

1503年绘制，这幅画画面中充满了欢快愉悦的气氛，地上的圣徒们被画得很小，中央有一个牧人在使徒的陪同下正前来朝拜

《四使徒》

天使和带光环的婴儿一起画入画面的基督诞生图。在躺着的圣母背后怀抱婴儿的是个魔鬼。1896年11月，高更的妻子巴乌拉生了一个儿子，但这个孩子出生几天后就夭折了，这幅画或许就是高更为悼念儿子而画的。

慕尼黑美术馆旧馆的前身是巴伐利亚公国维特尔斯巴赫家族的收藏。维氏家族在欧洲历史上以酷爱艺术、热衷艺术、收藏艺术品而闻名。自16世纪的威廉四世开藏画之先声，维特尔斯巴赫家族的诸王皆为艺术品的收藏不懈努力，到1826年美术馆举行奠基仪式时，已经大约收藏了8 000件绘画作品。威廉四世为了装饰他在慕尼黑王宫庭院中兴建的意大利文艺复兴式的圆形园亭，于1528年至1540年，委托南德著名画家创作历史组画，其中15幅保存下来了，包括阿尔特多费尔的《亚历山大之战》，这是参观慕尼黑旧美术馆必看的巨作之一。这批以人文主义的历史观和历史模式为创作主题的绘画，是维特尔斯巴赫家族的核心收藏之一。马克西米连一世是维氏家族中最狂热的艺术收藏家。他十分热爱丢勒，给予丢勒至高无上的评价。为了获取丢勒的作品，他和与他同时代的另一位丢勒爱好者，鲁道夫二世皇帝进行权力和财力上的争夺。《包姆加登纳祭坛画》这幅早在20年前鲁道夫二世就渴望得到的作品，最终还是从纽伦堡迁往了慕尼黑，成为马克西米连一世的囊中之物。由于马克西米连一世贯彻始终的努力和适时地使用权力，最终获得了11幅丢勒的作品，除《卢克蕾提亚的自杀》《哀悼基督》等外，他最大的收获是得到了丢勒献给故乡纽伦堡的《四使徒》。除丢勒外，马克西米连一世对鲁本斯也很感兴趣，他拥有鲁本斯的4件大狩猎图，这构成日后鲁本斯绘画庞大收藏的基础。

慕尼黑美术馆的创建者路德维希一世是维特尔斯巴赫家族中真正意义上的最后一位收藏家。慕尼黑美术馆老馆的意大利文艺复兴绘画绝大部分是路德维希一世购买的，其中有拉斐尔、乔托、安杰列科、波提切利、

《亚历山大之战》

这是一幅巨型画作，近景万人攒动，正在进行人海之战，中景是城市轮廓，远景是海天相连，远处的安静与近处的喧哗形成鲜明对比

《圣母子像》

这幅作品画的是圣母坐在宽敞的室内，递给圣婴一束康乃馨，圣婴正想从坐垫上一跃而起的瞬间形态

F.F.利皮、F.利皮等人的作品。在他的努力下，慕尼黑美术馆老馆成为收藏德国文艺复兴时期绘画最重要、最完整的美术馆之一，并且拥有相当数量意大利文艺复兴时期的绘画。路德维希一世即位当年就购得他向往已久的波亚塞利的收藏，为此他付出了昂贵代价，这批收藏包括216幅老尼德兰和老德国绘画的杰作，其中最著名的是凡·德·韦登的《东方三博士的膜拜》。一年之后，路德维希一世又买下原属瓦勒斯坦收藏的德国南方画派和修瓦本派的作品219件，这也是一批以德国文艺复兴绘画为主的收藏。路德维希一世不仅投入了巨资购买意大利、荷兰和德国的名画，而且还大量收藏当代的绘画作品，奠定了新美术馆藏品的基础。维特尔斯巴赫家族数代人收集艺术品的传统，使得藏品不但品质精良，数量也相当可观。这些藏品在慕尼黑新、旧两座美术馆中展出，散发它们的艺术光辉，吸引着世界各地的美术爱好者。

《沙发上的女子》

《东方三博士的膜拜》

《海港》

23

维也纳艺术史博物馆

维也纳艺术史博物馆坐落在维也纳环城大街旁边，与霍夫堡皇宫相对。19世纪下半叶，维也纳老城墙被拆除之后，就开始了博物馆的建造工作。1871年—1891年，维也纳艺术史博物馆和维也纳自然史博物馆拔地而起。相向而建的两座博物馆的外观几乎完全形同，就像一对孪生建筑，二者构成了雄伟的建筑复合体。这两座博物馆之间是为纪念奥地利唯一的女皇帝——玛丽亚·特蕾西亚而建的广场。维也纳艺术博物馆珍藏着哈布斯堡家族数百年来的财宝和艺术品、斐迪南大公在安布拉斯城的藏品、神圣罗马帝国皇帝鲁道夫二世的藏品。卢本斯、伦勃朗、丢勒、拉斐尔、

《行列》

提香等著名画家的作品使这座艺术博物馆的名声倍增。

维也纳艺术史博物馆的核心是华丽灿烂的楼梯间中央，矗立着1819年创作的纪念碑性的忒修斯群雕。它的创作者、意大利新古典主义代表雕塑家卡诺瓦因1798年法国入侵罗马而被迫北上，曾在维也纳工作过一段时间。楼梯间天顶为匈牙利人穆恩卡西画的《文艺复兴的神化》。充满异域风情的壁画是奥地利艺术家马卡尔特、马施以及古斯塔夫·克利姆特的作品。领导了维也纳分离派运动的艺术家克利姆特生于斯、死于斯，楼梯间的壁画是他艺术生涯的早期阶段专门从事壁画创作时的代表

《牧归》

《三哲人》

《威尼斯少妇像》

《三位一体的礼拜》

丢勒巧妙地完成了人物的空间搭配，构图平衡，色彩艳丽，是一幅经典之作

《削弓的爱神》

作品刻画了三个仙童，站立着的是爱神丘比特。画面人物在黑色背景映衬下，充满了立体感

《朱庇与伊俄》《甘尼美德的诱拐》

作品之一。紧靠楼梯间的一个八边形圆顶房间内设计了丰富的浮雕装饰，它们歌颂着哈布斯堡的收藏品。从这里就可进入名画陈列馆的各个展室。大气磅礴的装饰画、绚烂精致的柱式、飞腾轻盈的浮雕，映衬着博物馆精美珍贵的藏画，真是相得益彰。

维也纳艺术史博物馆设50余个陈列室，分埃及和东方艺术、希腊和罗马、欧洲绘画、雕刻和装饰艺术、纪念章和货币、武器、古代乐器、皇室马车、19世纪绘画和皇室珍宝等部门展出。埃及和东方艺术部门有各时代典型的雕像、浮雕、石棺、建筑饰件等，也有新王朝时期的木乃伊、纸草文书和死者书等。希腊和罗马部门展出有希腊、伊特拉斯坎、罗马和早期基督教时代的各种遗物，其中有希腊古典时期等身大雕像、公元前2世纪的青铜雕像、公元前5—公元前3世纪的希腊金币、公元前6世纪的希腊黑花和红花陶器、罗马宫廷艺术品等。雕刻和装饰艺术部门展出世界一流水平的精品，有中世纪的象牙雕刻，也有文艺复兴时期的杰作，还有巴洛克的大水晶雕刻、金银制品等也都是闻名世界的珍品。绘画部门尤以意大利、德意志、佛兰德斯和西班牙等画派作品著称。其中，乔尔乔涅的《三个哲学家》、提香的《维奥兰特》、J. R. 丁托列托的《苏珊娜入浴》、A. 凡·戴克的《阿尔贝戈梯枢机官》、鲁本斯的《妻子肖像》、拉斐尔的《牧场的圣母子》、伦勃朗的《1655年自画像》等都是脍炙人口的杰作。巴洛克风格的绘画也很著名。纪念章和货币部分收藏极为丰富，近40万件，自成体系，但仅陈列一小部分。

24

新加坡集邮博物馆

保存一个国家的历史、文化和成就，无论现在还是将来都是至关重要的，而邮票以图像来阐述文化和传统，可以说是生动地记录和传播一个国家的文明的载体。

新加坡集邮博物馆是东南亚第一座现代化的集邮博物馆，1995年正式对公众开放。当你走到新加坡的哥里门街，看到一个1.64米高的邮筒，

新加坡昆虫邮票

这就是集邮馆的标志，你已经来到新加坡集邮博物馆了。博物馆坐落于一所建于1907年的古老建筑，前身是英华中学的一部分。馆内珍藏着上百万枚邮票、数百件邮品，可谓文化、艺术和技术的宝库。不管是集邮爱好者，还是非集邮爱好者，只要来到这座建于1907年的优雅建筑内，都将被这里丰富的国内外邮票和纪念封所吸引。

新加坡集邮馆有6个展厅，第一展厅是集邮介绍展厅，向游客介绍邮票的意义，并请游客操作实践。如果你想做邮票中人物，在这里也可以实现。展厅里有一个木板搭成的门，门边印着邮票的边框，上面有新加坡的国名、邮票面值，还有邮票四周的齿孔，人走进门框，就仿佛走进了邮票中一样。许多游客在此拍照留念，拍出来的照片，就如同一张以自己为画面主人公的邮票。

第二展厅——探索展厅分为3个部分，向人们展示邮票是如何设计、

新西兰圣诞邮票

斐济邮票

新加坡华人节日题材邮票

剪裁、印刷和发行的。在这里，你可以涉足邮票王国的每个角落。在邮票设计室里，一幅幅邮票绘画品，包括凡·高的画像、海峡首批殖民者庆祝25周年，以及巴西利亚儿童的绘画作品都被放大和装裱，使参观者清楚地看到其中的美学价值，一如拜访艺术家本人，同他们分享每幅邮品后面的故事。有了如上的了解，就可以对邮品做出客观的评价，你可尝试做一个邮票评估员，看看他们怎样行使对邮票的生杀大权。你还可以自己动手设计，这里创作的工具应有尽有：画板、设计桌、油彩、画笔等，你可以坐上设计师的宝座，在电脑上设计自己的邮票，骄傲地将它们打印出来。微型印刷间演示了邮票制作的具体过程，你可用放大镜研究邮票的用纸、用墨情况，目睹邮票的印刷过程，学会运用电脑的有关程序，检验每张邮票的质量，挑出错版邮票。在邮件中心，你可体验邮递员的职业，如何取信、分

联合国邮票

苏联发行的纪念列宁逝世六十周年小型张

拣、安插、派信。“在世界每一个角落”的环节，将带你环游世界，通过查寻地图，按电钮和选择数据来找出某一枚邮票的出处。

第三展厅——集邮俱乐部展示上千种来自184个国家的邮票。这里，个人集邮所需的一切用具也应有尽有。

第四展厅——新加坡历史展厅，以邮票的视角再现了新加坡的发展历程，方寸邮票所捕捉到的一个个珍贵镜头，生动再现了新加坡历史的每个篇章：殖民初期、海峡殖民中心、帝国明珠、东方要塞、战时年代、共和国的诞生、新加坡奇迹……记述了新加坡坚忍不拔和勇往直前的成长岁月。

穿过邮政总署的门墙，漫步在时间的隧道，让我们感受小小邮票如何捕捉新加坡的历史足迹。殖民初期的商船同时也是邮船，将岛国移民的信件带回他们在中国、印度和欧洲的故乡。看商船升起的旗和欲发射的枪，那是以开旗和鸣枪的方式通知人们前来取信。最初的信件和包裹都不贴邮票，只是盖以邮戳，标明邮船航行的路线和时间，新加坡的第一枚邮票，于1854年在东印度公司发行。海峡殖民中心时代，贸易与邮政日益繁荣，邮局不得不进行一次次扩建，以满足不断增长的邮件量。此展厅也陈列了最初邮局的一个正面门脸。由此可回忆起1876年在Market街的一家华人邮政分局门外，爆发了华人邮政联合工人暴动，这些自发组织的以帮助华人苦力寄信回中国为业的邮差，感到英国邮政署对他们生存造成的威胁，而发起了示威游行。在此，你还可以看到1910年，第一位邮差赤足打着邮伞到处派信的情景……历史展厅的最后一部分重点反映新加坡历史上令人骄傲的时刻：樟宜机场纪念邮票、新加坡港、建屋发展局、地铁、人造卫星地面站。明天的历史有待撰写，明天虽无法预知，但有一点是肯定的，那就是将与邮票分不开。离开历史，迎面而来的是第五展厅“专题展厅”，这里展出的都是现代专题的地方邮票，展示邮品的变迁。

英国纪念邮票

在第六展厅——陈列展厅，可看到世界闻名的邮票搜集家的珍藏品，这里的展品有不同的色调和形状，许多可追溯到几百年前，非常稀有，价值百万。参观完毕，步入开阔的展厅，那里正以“活生生的邮票”为题，展出一些大家自己动手做的邮票。

除了6个主要展厅，博物馆还设有图书资料中心，有大量集邮文献、杂志、邮票目录供集邮爱好者查阅。

25

韩国国立民俗博物馆

韩国国立民俗博物馆成立于1945年，在战争期间被毁，1966年修复，1975年迁移到现在的馆址——朝鲜时代宫殿中最具代表性的景福宫内。

韩国国立民俗博物馆按照地区、性能、时代以及种类展示古时人们的生活面貌。馆内共收藏文物2万余件，其中参展的有4 000余件，一层的中央大厅常年举办传统文化民俗特别展。博物馆由地下一层、地上四层以及顶楼组成。地下一层是保管资料的水浆库，一层是中央大厅和3个常设展厅以及讲堂，二层是行政办公室，三层是阅览室。民俗博物馆除了考查、研究、展示、收集、保存韩国的传统民俗文化，还定期或不定期举办特展、特讲、学术研讨会、工艺教程、韩民族联欢表演等多种活动，向大众推广民俗文化，促使大众正确认识传统文化，提高民族自尊，因而民俗馆具有重要的民俗文化教育功能。新设置的民俗影像室以及国际民俗室则使韩国传统民俗借助现代科技手段开始走向民俗文化的国际交流。展示性、学术性、教育性、参与性、开放性是韩国民俗博物馆的重要特色。

第一展厅是韩民族生活展馆，主要展示史前时代至朝鲜时代各个时期人们的生活历史，向人们展示各个时代的文化特征和文物的差异，并展

这道平壤辣白菜只使用了由鱼酱、辣椒面、大蒜、生姜做成的作料酱，白菜和萝卜在发酵过程中渗出的汤汁，清爽可口，沁人心脾，胜过任何饮料

具有代表性的平壤白菜泡菜，是把白菜切成段后，在白菜中间放作料馅的高级泡菜。它需用白菜叶包紧，取用时才不会散落

示各个时期的陶瓷、农具以及印刷品等。一进入展厅，首先看到的就是关于史前时代韩民族定居于半岛的过程及生活方式的介绍，接着看到既古朴又精致的三国时代工艺品的创作过程。在“百济工艺工房”的展室中，十多位身穿百济时代白色衣帽的工匠，或拉风箱，或锤炼，或制模，或雕琢，正在打造金属工艺品。所有蜡像与真人一般大小，栩栩如生，场面生动。第一展览厅的重要展示还有以1000年前的“计划城市”庆州为中心的发展进程等。

第二展厅分4个展室，陈列着与生产习惯和生活文物有关的生产生活资料，使人们对古人的生活面貌有更加直接的了解。在这里可以领略到韩国的农耕文化、狩猎、捕捞、手工艺以及韩国传统社会的生活方式，具体展示了古代农具和近代农村使用的各种生产工具，再现了农耕社会中的节日礼仪。在这里可以欣赏到自古代至近代的各种服装、服饰，各种居民住宅的模型，反映士大夫生活和内心世界的卧室和书房，并通过厨房内摆放的节日和日常的饮食了解到韩国饮食文化的一个侧面。

各种各样的谷物与农具等实物、文物、蜡像、文字、图表使观众身临其境地领略到韩国从前的耕种方式、春种夏管秋收冬藏的农耕过程，以及捕鱼、打猎等生产活动。韩国的民间工艺，比如漆器工艺、螺钿漆器工艺、华角工艺、瓷器工艺等的创作过程以及精美成品在这里得以呈现。最吸引人的还是有关韩国的衣、食、住文化的展览。这里有韩服的演变过程、韩屋的形态与主要生活用具、岁时风俗饮食与餐具、泡菜的制作与种类等的展览。在一长排展示韩国服饰的玻璃橱窗里，数十个身穿古今韩服的男女老幼的蜡像造型分外夺目，从古代艳丽华贵的王公贵妃的礼服衣帽一直到开放变革时期的现代服装，琳琅满目，应有尽有，组成了一道亮丽的韩服文化风景线。韩服女装为短上衣搭配优雅的长裙；男装则是短褂搭配长裤，并以细带缚住宽大的裤脚。上衣、长裙的颜色五彩缤纷，以白色和红色为主调，有的还刺有明艳的彩绣。韩服的线条兼具曲线与直线之美，尤其是女装的短上衣和长裙，上薄下厚，端庄娴雅，同时还可掩饰体型上的不足，使体形较矮的人看上去较高，较瘦的人看上去显得较为丰满，一袭韩服透露着东方伦理之风和超世脱俗之美。大米饭、泡菜与大酱汤是韩国的基本食品，尤其是泡菜更是韩国饮食的重中之重。据说韩国的泡菜种类超过200多种，但其主料则是用盐水腌制的白菜，再加入辣椒

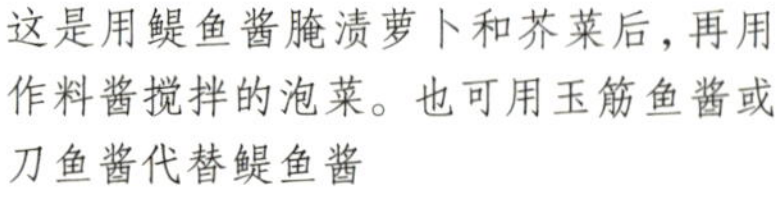

这是用鳀鱼酱腌渍萝卜和芥菜后，再用作料酱搅拌的泡菜。也可用玉筋鱼酱或刀鱼酱代替鳀鱼酱

这是在腌软的甘蓝叶上放作料馅，像做紫菜包饭一样卷起来的泡菜。甘蓝叶虽厚，但组织紧密，腌制后较脆，而且味甜，是儿童喜食的泡菜

由于用了黄花鱼酱，在发酵后其颜色也不会变暗，这是首尔辣白菜的特点。辣白菜装缸时，把萝卜切成大块，用盐和辣椒面搅拌后，插进白菜缝里，会使辣白菜格外清爽。在缸底下放黄花鱼酱或整条干名太鱼，发酵后取出食用也是一道美味

面、大蒜、生姜、大葱、萝卜等，通过低温发酵生成乳酸而成，是典型的发酵食品。韩国人每餐必有泡菜，泡菜丰富的营养价值已使其成为有名的保健食品。泡菜文化自然而然也成了民俗馆中展示韩国饮食文化的主要内容。由上百个微缩蜡像人物组成的泡菜制作流程，场景煞是热闹，身穿传统韩服的妇女，有的在挑选白菜、辣椒，有的在清洗，有的在晾晒，有的在切菜，有的在腌制，有的在贮藏。展厅中还有五颜六色各种泡菜样品的展示，使人馋涎欲滴。

同样使游客馋涎欲滴的还有韩国岁时风俗的糕点小吃，最典型的有：春节的年糕汤、正月十五的五谷饭、立春的五辛盘、中和节（阴历二月一日）的豆馅蒸糕、三月三的金达莱酒、释迦诞辰（阴历四月八日）的榉叶糕、端午节的牛蒡叶、阴历六月六的蒸糕、三伏期间的参鸡汤、中秋节的松糕、重阳节的煎百菊花、阴历十月五日的祭祀糕、冬至的小豆粥等。韩国的法定节日与民间节日很多，其中最重要的就是春节，与我国同样，也是阴历正月初一，春节期间全国放假3天。韩国人至今仍然保存着春节穿新衣、向大人拜年、互赠吉言、吃年糕汤等传统。有关岁时节庆等民间风俗习惯，在民俗馆中同样有着生动的展示。

第三展馆是韩国人生活展示馆，展示韩国人出生、成人仪式、婚礼、祭祀等各个阶段的生活面貌。主要再现了生日宴、冠礼、婚礼、寿宴、葬礼的

场面，展示了文房四宝、乐器、货币、私塾、学校以及客栈等实物或模型。其中有关生意惯例以及民俗信仰的内容非常引人注目。博物馆的室外陈列着济州岛的石老人、水碓、石碓、瓜棚等民俗景观，充分利用室外的自然地形、绿野风光，使展示更具有真实性、乡土性、原始性。在室外散步游览，又是另一番天地。

韩国民俗博物馆还专门为儿童开辟了“儿童博物馆”。这是以体验和参与为主的博物馆，孩子们可以利用馆内的组装模型与影像资料，亲身体验小学教科书里所描述的民俗生活。展览专题分为衣食住文化、社会生活、游戏等。爱玩的孩子们还可以利用磁铁模型，亲自动手制作祭桌与周岁生日餐桌，或者叮叮咚咚地建造传统模型韩房，照着动态影像学做泡菜，给模特穿戴各种韩服、韩帽等。另外，每个周六，国立民俗博物馆的大讲堂内都会举行民俗表演，周六前来参观会比平时收获更大。

韩国国立民俗博物馆并不单纯是作为一个展览馆，而是作为文化再创造的基地在发挥作用。它在资料信息的收集、学术调研、遗迹发掘、学术资料的出版、传统文化的普及和宣传等方面的努力，使之成为国内外人士系统地了解韩国历史、生活、文化的最重要的场所之一。

26

华盛顿国家美术馆

到过美国的朋友，不知你是否去过华盛顿国家美术馆，那里是和艺术大师会心交流的绝妙场所。华盛顿国家美术馆又叫“梅隆美术馆”，由曾任美国财政部长的匹兹堡银行家和实业家安德鲁·梅隆发起兴建。这座国家级美术馆位于美国首都华盛顿宪法大道的第7街和第4街之间，由帕普设计的华丽典雅而充满了古典主义风格的西馆和由贝聿铭设计的充满现代感线条利落的东馆组成，两馆均为世界级顶尖建筑。

与法国巴黎的罗浮宫、英国伦敦的大英博物馆、意大利佛罗伦萨的乌

《爱之战》

《首领》

《戴安娜》

菲兹美术馆相比，华盛顿国家美术馆是仅有70余年的历史。它的创建缘于一个人的理想。早在1927年，它的捐赠者安德鲁·梅隆就有了在美国首都建造一座国家美术馆的想法。他曾说："华盛顿应该有一座巨大的国家美术馆。我们没有这样一座美术馆可以说是耻辱——我自己确实为之痛心。"1932—1933年，在英国任大使期间，安德鲁参观了大英博物馆，其宏伟的规模、内部的设施和高水准的收藏，被他视作效仿的典范。1935年，安德鲁委托美国当时最著名的、曾设计过杰斐逊纪念馆和国家档案馆大楼的新古典主义建筑师约翰·拉塞尔·帕普为华盛顿国家美术馆设计了第一个建筑方案。1936年12月22日，安德鲁·梅隆写信给当时的总统罗斯福，提出要向合众国赠送一件礼物，为华盛顿建造一座国家美术馆，并将自己收藏的艺术品存放到美术馆中。1937年8月26日，华盛顿国家美术馆破土动工了。1941年3月17日，在寒冷的爱尔兰人的节日——圣帕特里克节，这座全世界最大的大理石外装修、耗资约1 600万美元的建筑终于正式竣工。罗斯福总统主持了揭幕式，共有8 822人出席此次揭幕仪式。首任华盛顿国家美术馆的馆长是曾任安德鲁·梅隆秘书戴维·E. 芬利。

《抚琴女》

伊莱扎·里奇利

《卢夫西恩景色》

开花的果树

由帕普所设计的西馆是华盛顿国家美术馆最初的一座建筑，东西两端是高大的入口，南北方向是宏伟的爱奥尼亚式柱廊。建筑外部仅用壁龛和半壁柱装饰，整幢建筑的美来自其稳健的结构。田纳西大理石微妙的玫瑰红和建筑比例的和谐，其建筑内部的设计灵感来自罗马的万神庙。1960年以后，随着美术馆的发展，藏品越来越多，安德鲁·梅隆的儿子保罗·梅隆开始考虑对美术馆进行扩建。1967年，著名的华裔建筑师贝聿铭承担了美术馆东馆的设计工作。这是一个极具挑战性的工作。首先，东馆的地皮是华盛顿城市规划中留下的一块非常不规则的梯形地皮，而且处于美国的权力中心这个令人瞩目的地理位置。其次，还要考虑新馆与老馆之间的外观协调问题。但贝聿铭非常完美地解决了这些问题。他设计的巧妙之处在于新馆既能与帕普的古典风格的建筑发生共鸣，又没有卑躬屈膝模仿后者的倾向。不仅如此，贝聿铭还将曾经为帕普的西馆挑选玫瑰色田纳西大理石的建筑师麦尔克尔姆·莱斯请来为东馆挑选石料。莱斯精心挑选的石料使两座建筑在外观色彩上也异常和谐。1978年东馆最后完工并向公众开放。在不到两个月的时间里，参观的人数超过了100万。东馆的造价为9 440万美元，成为当时美国最昂贵的公共建筑之一。

西馆和东馆两座建筑体现了安德鲁·梅隆和保罗·梅隆两代人之间欣赏偏好的差异，同时也体现了20世纪30年代至70年代审美潮流的变化。西馆可以说是20世纪古典主义建筑风格的伟大篇章，而东馆则是现代派建筑的完美体现。然而这两座风格迥异的建筑在整体上又保持着令人惊叹的和谐。一条地下电梯步道连接起东馆和西馆，来自地上的玻璃金字塔引进了自然的光线，面积相当大的玻璃窗，有水流沿着窗户流下，像是一条绵延的瀑布，构思极为精妙。东、西馆在功能上做了分工：西馆的一层以陈列版画、雕刻、素描和装饰艺术品为主，其中最精彩的藏品当数罗丹、德加的雕塑以及伦勃朗和毕加索等大师的素描。二层主要展出从13到19世纪的欧洲绘画和雕塑、美国绘画和电脑美术馆。地下一层展出版画、素描、雕塑和装饰艺术品以及举办临时展览。另外，西馆商店和报告厅也设在地下一层。东馆则主要陈列现代艺术和一些特殊的系列展览。

1941年，华盛顿国家美术馆刚刚开业时，梅隆辛辛苦苦积攒起来的价值6 500万美元的艺术收藏只装满了美术馆135间展室中的5间。30年后，美术馆的藏品就从开始的133件增加到3万件，而且全部来自私人捐赠。现在，在国家美术馆入口处的一块匾额上，主要的捐赠者有：安德

《圣凯瑟琳》

《小库泊圣母》

《圣母子》

鲁·梅隆、塞缪尔·克雷斯、拉什·E.克雷斯、P.A.B.和约瑟夫·怀德纳、切斯特·戴尔、莱辛·J. 罗森沃尔德、保罗·梅隆和艾尔萨·梅隆·布鲁斯等人的名字按照捐赠作品的时间顺序被人们铭记着。值得一提的是，在这些人中，保罗·梅隆和艾尔萨·梅隆·布鲁斯分别是华盛顿国家美术馆发起者安德鲁·梅隆的儿子和女儿，梅隆一家对华盛顿国家美术馆的贡献简直无人能比。

梅隆家族来自爱尔兰，定居在匹兹堡。安德鲁的父亲托马斯·梅隆白手起家，最终富甲一方。安德鲁继承了父亲在商业方面的天赋，后来，成了美国的财政部长。作为商人的安德鲁十分热衷于收藏艺术品，他说，这是出于一种将自己的生活与一种永恒的东西联系起来的渴望。安德鲁购买艺术品，出手相当阔绰，如果他想要的绘画已被当作附属担保品而无法购进，他甚至会连同持券的银行一起买走。安德鲁最重要的一次购买活动是在20世纪30年代初，那一次他花了大约650万美元，从苏联的埃尔米塔什博物馆购买了21幅油画作品，其中包括拉斐尔的《小库泊圣母》

《使徒彼得和安德鲁来访》

《圣乔治与龙》

和《圣乔治与龙》、委拉斯凯兹的《胡安·德·帕雷加肖像》、波提切利的《博士来拜》、提香的《照镜子的维纳斯》、韦罗内塞的《摩西的发现》、凡·艾克的《天使报喜》，还有凡·戴克、哈尔斯以及伦勃朗的作品等，均是名家的杰作。这些珍品安德鲁·梅隆全部慷慨地捐献给了华盛顿国家美术馆。

安德鲁·梅隆的儿子保罗也继承了其父的收藏爱好，尽管他接管了梅隆的银行和公司，但是收藏和慈善活动才是保罗最感兴趣的。1958年，保罗花61.6万美元购买了塞尚的重要作品《穿红背心的少年》。1966年，他又搜集到几百幅印象主义代表作，价值接近1亿美元。他还是英国绘画的真正爱好者，他收集的作品之多是非常惊人的。光是存放在他在弗吉尼亚的别墅中的英国美术作品就有1 800多幅油画、5 000张版画、7 000张素描和水彩画。

堪称华盛顿国家美术馆的镇馆之宝的达·芬奇的名作《吉尼芙拉·德·本茜》是由安德鲁·梅隆的女儿艾尔萨捐献的。艾尔萨也非常喜欢绘画并不惜财力地去收藏。这幅《吉尼芙拉·德·本茜》就是她花费500万美元从列支敦士登亲王那里购买而来。画中吉尼芙拉的卷发使我们认识到烫发并非现代人的专利，而其忧伤的表情则因为失恋。原来，吉尼芙拉被她的情人——威尼斯驻佛罗伦萨大使伯纳多·贝姆波抛弃了。文艺复兴时期的诗人布雷塞斯曾把这件事写成诗歌："贝姆波，/当你离去时吉尼芙拉流下了眼泪。/她渴望你永久地推迟归期，/并且还要上帝为你的旅程设置种种障碍。/她希望友善的是吹起逆风，/并降下暴雨来阻挡你的归程。"然而上帝将好运送给了贝姆波，他如期归程，难怪达·芬奇笔下的吉尼芙拉如此悲伤。

在华盛顿国家美术馆，可以欣赏到来自意大利、法国、德国、西班牙、荷兰、英国等不同国家的艺术精品，与拉斐尔、达·芬奇、波提切利、伦勃朗、戈雅、鲁本斯、德加、塞尚、莫奈、高更、毕加索、雷诺阿、提香等众多大师的杰作会面，透过精美的艺术品领略大师的风采。

华盛顿国家美术馆收藏的最古老的绘画创作于13世纪拜占庭时期的意大利，这些作品以宗教题材为主。美术馆收藏的文艺复兴时期的艺术品有14世纪意大利画家杜乔的作品，从《使徒彼得和安德鲁来访》中我们可以看到拜占庭艺术家常用的线条和装饰性风格的影子，不过，在耶稣和圣徒略嫌僵硬的身上表现出了更多的人的气息和活力。作为从中世纪向文艺复兴艺术过渡的代表画家，乔托的作品更具代表性，在《圣母子》一画中，黄金底的背景与优雅地裹住身体的深绿色长袍构成了对比，在散发着亮光的圣母表情中，我们可以感觉到某种微妙的超凡美感，而圣母那双细致、柔美的手更是让人备感亲切。

华盛顿国家美术馆的风景画有时会使你感到沉重，如透纳的《泰晤士河与美德威河的汇流》就像一首震慑心灵的叙事诗，小船在大浪中摇晃，人和自然正展开激烈地搏斗；有时又像一首轻音乐使你感到舒畅，如康斯特布尔的《艾塞克斯的怀文霍庄园》，明朗的天空下，绿树成荫，奶牛在河边吃草，鹅在水中游戏，画面中的每一个要素都在诗意韵律中起伏，构成一派静谧的景象。

华盛顿国家美术馆的肖像画更是千姿百态。德加笔下的《马洛小姐》塑造了一位高贵的小姐，作者追求的是完美平衡的动感。克拉纳赫的《女人肖像》在极富技巧的飞快曲线及显示微妙阴影的黑帽子下面，闪耀着白色火焰般的年轻面貌，洋溢着优雅的气度。委拉斯开兹的《做针线活的女

《照镜子的维纳斯》

《梳理头发的浴女》

人》描绘了一位健康的女性，有人考证图中的模特儿是画家的女儿。这并不重要，重要的是画家从画面左下角大刀阔斧的着色，以及在震荡的空气中浮现的健康的脸部和胸部，技法之高实在令人叹为观止。安格尔笔下的《莫瓦特雷夫人》笔法细腻，形象丰满华丽。安格尔是古典主义大师，这幅耗费了他7年时光的名画，犀利地勾勒出了第二帝政时代上层社会的华丽趣味。身穿黑色天鹅绒的夫人庄重地站在只添加一点装饰道具的画面中，戴在身上的宝石、花朵、花边乃至稍呈玫瑰色的肌肤以黑色的衣服及胭脂色的墙壁为衬托背景，闪闪发光。而印象派画家雷诺阿的《梳理头发的浴女》则裸露着丰满的玉体。相比而言，雷诺阿比安格尔的笔触放松多了，用色也大胆得多，他根本不管别人讥笑画了一堆肥肉。一切形体都受到雷诺阿特有的柔性抑制，并借着扩散的光线巧妙地发挥出它的效果。以风俗画闻名于世的维米尔有一幅《红帽女郎》，一般认为这是维米尔后期的杰作。维米尔平素追求完全形态的描写，观看维米尔的作品，让人觉得它与中国古典诗词有异曲同工之妙。

《做针线活的女人》

自画像

27

阿姆斯特丹国立博物馆

阿姆斯特丹是荷兰首都，荷兰最大的城市和第二大港口。荷兰是一个著名的旅游国度，被称为风车王国、花卉之国，它由风车、木鞋、郁金香所串起的如织美景，带给人们无数的梦幻与想象。任何时候都是游玩阿姆斯特丹的好季节。夏天当然是大多数人理想的时间，人们都从房子里跑出来聚会或玩耍，露天音乐会也在公园里开演，整个城市因而充满了勃勃生机。冬天呢，虽说天气严寒，但相对而言游客也少了很多，所以住宿会好找许多，各处的旅游价格也会相应低廉。来到荷兰，只需到阿姆斯特

《阿姆斯特丹的马特拉斯格拉特风景》

这幅画描绘的是以建筑物为主的都市风景，观者置身于河中的一条小船上向前划行，两岸的景物渐渐向后移动。画家对建筑物的构造和色彩进行了精细的描绘，船上和街上的人们各自忙碌着

《水车》

霍贝玛是伟大的风景画家，他的风景画带有浓厚的诗意和抒情意味。他喜欢在同样的光线之下变换角度来描写同样的景物。本画具有安静祥和妩媚之感，同时又似乎能听到风车的转动声和潺潺的流水声

丹一游，就可将从古典到现代的“各式各样的荷兰”尽收眼底。

“丹”，在荷兰语中是水坝的意思，荷兰人筑起的水坝使700年前的一个渔村逐步发展成为今天的国际大都市。阿姆斯特丹共有160多条大小水道，由1 000余座桥梁相连。漫游城中，桥梁交错，河渠纵横。从空中鸟瞰，波光如缎，状似蛛网。市内地势低于海平面1~5米，被称为“北方威尼斯”。由于地少人多，河面上泊有近2万家“船屋”。过去，城市的建筑绝大多数以涂了黑柏油的木桩打基，以防沉陷。王宫的地基使用了13 659根木桩。

阿姆斯特丹是荷兰最大的工业城市和经济中心，拥有7 700余家工业企业，工业用钻石产量占世界总量的80%。此外，阿姆斯特丹还拥有世界上最古老的证券交易所。鲜花是荷兰重要的出口商品。位于阿姆斯特丹西

南郊的阿斯梅尔花卉市场是世界上最大的花市，花卉销往100多个国家。

阿姆斯特丹人居水上，水入城中，人水相依，景自天成。独特的景观使阿姆斯特丹的旅游业十分发达，阿姆斯特丹又是欧洲文化艺术的名城，拥有许多博物馆，因而享有“博物馆之都”之美称。要看完所有的博物馆需要的时间太长，大多数的人只能选择自己最感兴趣的部分，而其中公认最值得参观的就是国立博物馆和凡·高美术馆。

国立博物馆位于辛格运河岸边，坐落在博物馆广场上，是一座红色砖石结构的建筑，由一名叫凯珀斯的建筑师设计，落成于1885年。博物馆的外观颇像一座哥特式教堂，有着高耸的尖顶、巨大的拱门和彩色的玻璃窗画。同时，门窗的装饰纹样、彩砖的色彩以及浮雕和玻璃窗画等，又洋溢着浓郁的荷兰特色。博物馆的前身是成立于1798年、1800年对公众开放的当时位于海牙的皇家美术馆，藏品主要是威廉五世的私人收藏。1808年，荷兰当时的统治者、拿破仑的弟弟路易·波拿巴在阿姆斯特丹的王宫内设立了一座皇家博物馆，将原海牙皇家美术馆的藏品收归于此，并扩大了收藏规模，将阿姆斯特丹市拥有的伦勃朗的《夜巡》及其他一批作品并入馆藏。1815年，皇家博物馆更名为国立博物馆。由于收藏品和捐赠品的不断增加，原来的场地过于狭小，博物馆曾迁往一座名为“特里彭休斯之家”的宅邸中，并于1817年向公众开放。1885年，国立博物馆迁入由凯珀斯设计的现馆址。

阿姆斯特丹国立博物馆非常关注其民族自身的文化艺术，长期以来，该馆一直致力于对荷兰艺术品的收藏。作为一个享有国际地位的国家级美术馆，其特色并不是包罗万象，而是注重于展示荷兰艺术及历史，尤其是集17世纪荷兰绘画之大成。目前，该馆拥有5 000多幅绘画、3万多件雕刻、1.7万件文物和3 000多件亚洲艺术产品，以及许多工艺品和船模等。常规性的展示包括：荷兰历史展、绘画展、雕刻和工艺展、亚洲艺术展和版面展。每个展示都有其固定的展室。此外，还有庭院中的展示以及一些不定期举办的展览等。该馆附设有一个图书馆和供专业人士进行研究的阅览室以及文物修复室等，还有一个举办各种讲座的小礼堂，同时还与许多大学、科研院所保持着密切的联系，这使该馆成为一个具有展示、研究与教育功能的机构。

国立博物馆一层主要有雕刻、工艺品、版画和素描、伊斯兰美术、亚洲美术、荷兰18—19世纪绘画等主题陈列展厅。这些专题陈列各有各的特色，如“荷兰工艺品”陈列：精美的瓷餐具、瓷壁挂，光灿灿的银餐具、银首饰，织满人物图案的挂毡以及厚重的家具，生动地再现了过去的荷兰从豪门贵族到普通百姓的家庭生活场景，显得世俗而温馨。而大大小小的荷式帆船模型，则展示了荷兰这个曾有着“海上马车夫”之称的殖民国家昔日的气势。“亚洲美术”陈列则以简洁、冷峻的蓝色和红色为背景，衬托着一尊尊古老的东方佛像，呈现出一种澄澈、肃穆的东方古典美。

顺着宽敞的楼梯拾阶而上，来到二层。这里陈列着15—17世纪的荷兰绘画名作，是全馆的精华之处。整个空间都呈乳白色，简洁明快。除了一些柱头雕刻和装饰纹样，没有什么喧宾夺主的修饰，只有几扇大窗户上，镶嵌着有伦勃朗等著名画家的彩色玻璃窗画在阳光的照射下闪耀着瑰丽的色彩，与展示着的画作交相呼应，使整个展馆洋溢着荷兰艺术黄金时代的气息与风采。

二楼的中央是一个宽敞的大长廊，被称为“荣誉廊”，它由墙壁分割成多个区域，集中展示了17世纪荷兰最负盛名的画家伦勃朗各个时期的作品，这里收藏了20多件伦勃朗的作品，从早期的《画家的母亲》《有石桥的风景》，到中期的《夜巡》《泰塔斯肖像》及后期的《扮成保罗的自画像》《犹太新娘》等，不同时期的肖像画、历史画、风俗画和风景画，展示了这位荷兰17世纪最伟大的画家的艺术历程，使其卓尔不群的艺术成就得到淋漓尽致的展现。

伦勃朗出生于荷兰莱顿一个磨坊主的小康之家，大学还未念完就辍学当了画家，干上了专画肖像的热门职业，并娶了一个富家小姐。妻子显赫的家庭背景奠定了伦勃朗事业成功的基础。直到1642年妻子去世前，伦勃朗一直是上流社会的肖像画家。此后，他的事业开始衰落，长年陷于

《画家的母亲》

画面将光线聚焦在人物身上，以突出人物的形象，朴实慈祥的母亲正在聚精会神地看报，面部和手部的皮肤显示出人物的苍老

债务之中。世事沧桑，人情冷暖，给伦勃朗的绘画打上了强烈的生活烙印。

《有石桥的风景》是伦勃朗早期的作品。早年的伦勃朗可谓春风得意：他从家乡来到阿姆斯特丹，26岁以《杜普教授的解剖学课》一举成名。与此同时，伦勃朗遇到了美丽而富有的上流社会少女莎斯姬亚，不久两人成婚。伦勃朗自己出众的才华加上妻子娘家显赫的背景，使他在上流社会如鱼得水。婚后的8年，是伦勃朗一生最幸福最顺利的时光，此间他创作了大批画作。在这幅画中，一束强烈的阳光透过阴郁的云团照射在石桥旁一棵突兀的树木上，远处是呈亮调的天空与石桥上方呈暗调的厚重云团，产生出变化多端的色彩和光影效果。光在画面中就像一首跳跃起伏的乐曲，而那棵树木无疑就是乐曲中的最强音。

伦勃朗一生留下一百多幅自画像，这些自画像就像一部独特的自传，真实地反映出画家在人生不同时期的精神面貌和内心世界。年轻时无忧无虑的伦勃朗曾经把自己画成漫画式的美青年、戏谑般的浪子、装扮式的文艺复兴的廷臣。他仔细研究过自己的脸部特征和各种表情、皮肤与头的不同式样，采取各种姿势、穿着各种服装，运用不同的光照，直到贫困的

生活在他的面孔上留下深刻的印迹。伦勃朗的人物画总是向人们透露出复杂的心灵信息，饱含深情使画面色彩总是那么深沉、厚重。国立博物馆展出的《扮成保罗的自画像》是伦勃朗55岁时的作品。画中的伦勃朗包着头巾，手里拿着书，把自己装扮成《圣经》人物保罗的样子。伦勃朗的面孔在阴影的衬托下显得苍老憔悴，那纵横的皱纹刻着生活的艰辛。光线从上方照射下来，在帽子、额头和鼻尖形成高光。疏朗宽大的笔触勾画出生动的形象，他注视着前方，显示出历经坎坷后的达观。伦勃朗笔下人物是活生生的，触及灵魂深处的，常能使观者产生一种心灵上的沟通与交融。这种对人性的深刻揭示与表现乃是他艺术永恒的所在。

《夜巡》在国立博物馆的荣誉廊里拥有一个独立的房间。这幅画原名为《班宁·柯克上尉的民兵连》，描绘的是白天的场景。由于最初挂这幅画的大厅是烧泥炭明火取暖的，泥炭的灰在画上落了厚厚一层煤灰，使得整幅画色彩变得黯淡，以至于18世纪时人们误认为这个原本是白天的场

扮成保罗的自画像

景是在夜晚进行的，从而给它取名《夜巡》。在20世纪40年代，经过反复清洗，才发现画中所描绘的是白天的光线，但《夜巡》之名已深入人心，只好将错就错了。

现存的《夜巡》高363厘米，宽437厘米，它原来的尺寸还要大，因为太大无法挂在门厅里曾经被无知的订画者裁割过。这幅荷兰绘画中少见的巨幅画作是受阿姆斯特丹射击手公会委托而创作的群体肖像画。按惯例，订画者的肖像应在画面上占有同等重要的地位，因为他们都付了一样多的定金。可是伦勃朗对这种俗套的构图方式很不满，为了赋予这幅画戏剧性和震撼力，他选择了射手队在班宁·柯克大尉的带领下，紧急集合准备出发的瞬间，描绘了该场面的紧张和仓促。连长班宁·柯克与他的副官威廉·凡·雷伦勃克被安排在中央最醒目的位置；右侧是击鼓者，左边是挑着旗帜的巡警形象；其余人物都被安排在中景和后景。有的在擦

《夜巡》

这是伦勃朗为阿姆斯特丹警备队创作的一幅团体肖像画。画面中每个人的姿态和动作表示着他们不同的阶层，人物具有栩栩如生的动态效果，光线具有舞台的灯光效果。这件作品是他的杰作

枪筒，有的在举长枪，大有当年荷兰人民进行斗争的阵势。可是由于明暗变化强烈，有的人就被处在暗影中。这样一幅富有战斗性的构图，由于每个人的形象清楚程度不同，便引起了轩然大波。巡警们因为出同样的钱不能在画上有同等的地位向画家提出抗议，画幅遭订货者的拒绝。为了索回画金，公会把此事诉诸法庭，并对画家进行大肆攻击；加上伦勃朗曾以他的妻子莎斯姬亚的裸体为模特儿画过一些宗教题材的历史画，遭到维护旧道德的人们的非议。伦勃朗很快蒙受事业上的严重挫折，从此，订画者疏远了他。屋漏偏逢连夜雨，就在这一年，画家的妻子莎斯姬亚因病去世，随后而来的是破产、贫困，经受双重打击的伦勃朗开始了他后半生的悲惨生活。从豪宅搬到贫民区，生活每况愈下，到后来几乎一贫如洗。到他63岁去世时，所有的家产只有一些画具和破旧的衣服。今天，这幅带给伦勃朗诸多不幸的《夜巡》被誉为不朽名作，每天前往阿姆斯特丹国立博物馆观赏它的人络绎不绝，画家在天之灵该感到欣慰了。

《犹太新娘》是伦勃朗去世前一年的作品。对于经历了半生困苦、暮

《纺织公会的理事们》

这是伦勃朗最后一幅群体肖像画。画面中充满了忧郁情调，是画家处境的表现

《犹太新娘》

画家显然将画面与圣经的故事相结合，人物的结婚礼服向下舒展开来，并映照着幸福的光芒

年孤独的伦勃朗来说，这幅画可以说是他对往昔美好情感的回忆和赞美。阔大的笔触、斑驳的色彩和层次分明的肌理效果充分展示出他日益沉稳、老辣的画风。画中描绘了一对新婚夫妻，人物原型是《圣经》中的人物雅各与拉结。伦勃朗用浓墨重彩渲染出美好、亲切、几近虔诚的气氛。画中男子的左手温柔地抚着女子的肩头，右手放在女子胸前，女子的右手轻置于腹部，左手顺从地搭在男子的右手上，两人的手相交于画面中心，浓浓的爱意尽在不言中。人物的服装奢华耀眼，男子的衣服是明亮的金黄色，女子则穿着华美的朱红色的裙子、橘红色的上衣，两种色调对比强烈但并不刺目，反而使整个画面洋溢着脉脉温情和一派喜气。这对新人脸上荡漾着含蓄的幸福笑容，两人虽然没有深情对望，但却掩盖不了透过交握的手指间传达的炽烈的爱意。那份爱的交流与喜悦，让欣赏画的人也感到幸福和温暖。

17世纪的荷兰绘画是欧洲艺术史上的一枝奇葩，除了伦勃朗，维米尔也是那个时期极具代表性的画家。如果说伦勃朗的用光、用色、用笔都充满激情，以潇洒豪放的大笔触取胜，那么维米尔则与其相反，他的画宁静、平和、温馨，以内敛的小笔触取胜。维米尔是典型的荷兰风俗画家，在《夜巡》大展厅左侧的展厅里，陈列着维米尔的绘画精品：《德尔夫特街》(1658年)、《倒牛奶的女仆》(1658年)、《读信的少妇》(1662年)和《书信》(1666年)。这些画都是小幅绘画，每幅画的长宽都在30到40厘米之间，大多是描绘舒适、安闲的资产阶级家庭生活。维米尔善于将普通劳动妇女的日常劳动诗意化、抒情化，不以情节取胜，而以这种抒情情调给人以美的享受。宁静古朴的小街、充满光亮的舒适的小房间、安详的做针线活的老夫人、专注地倒牛奶的年轻女佣、全神贯注读信的少妇、慌乱地接过情书的少妇等风景与人物都被维米尔赋予了一种抒情诗般的调子，小小的画面上充满了静谧、安适的气氛。

《德尔夫特街》是维米尔为数不多的风景画之一，描绘的是画家出生之地德尔夫特城的街巷风光。画中的场景是画家从画室窗口看到的景象：隔着不平整的方石路面，是一条小巷；巷口右边一座立面方正的三层

《倒牛奶的女仆》

《德尔夫特街》

《读信的妇人》

红砖楼房占了几乎一半的画面；小巷左边屋顶重重，露一角深远的多云天空；街上行人不多，画家也无心描绘，只用寥寥几笔勾画了他们的外形，但却不厌其烦地一笔一笔把建筑上的红砖肌理描绘得无比细腻、清晰。整个街巷整洁而静谧，仿佛正进入夏日午后的歇晌时间。

维米尔存世的作品不多，据说仅35件，但件件都是精品，他最为人称道的不是风景画，而是以人物中心的风俗画。未受过专业训练的维米尔似乎与众不同的眼睛，总能在日常生活里发现毫不张扬却耐人寻味的美并用画笔表现出来。他画中的人物多是站在画面左侧的窗前，沐浴着透进窗子的柔和光线，人物身上蓝色或黄色的衣服在柔光中熠熠生辉，与她们闲适的神态相互呼应，使人感到十分平易、亲切，无怪乎有人称维米尔为光和彩的大师。《读信的妇人》描绘了一位对着窗口专心看信的女子，神情专注，庄重大方，仿佛正在被信中的内容吸引，她周围的一切都在沉静中消失而不复存在。她身后的白墙上挂着一幅地图，身旁的桌上有书、针线盒等杂物，还有两把椅子，是一个普通的市民家庭。很难说清为什么如此简单的画面会吸引我们的注意。细细品味，你会发现，画中每一部分的安排都恰到好处，稍微改动都会破坏它的完美，但又不使你觉得造作牵强，体现了画家的独具匠心。《倒牛奶的女仆》是维米尔最有名的画。画家采用了较低的视点，让人物矗立在朴素的白墙前，阳光从画面左侧的窗棂间温和地照进厨房内，正在倒牛奶的女仆沐浴在柔和光线里，平静而庄重，身上蓝色的围裙和柠檬黄色的上衣，构成了和谐的色调，构图简洁大方，风格清新。维米尔是真正足不出户的画家，拘于家乡德尔夫特一地，连阿姆斯特丹也没去过。他的画也多是室内景，而且总将模特安排在饭厅靠窗的一角，似乎只有那一处可以采光，画中的背景也总是那面墙，和那4幅换来换去的地图。他的风俗画，小小一幅，温馨、安详和简朴，表现了资本主义发展初期中产阶级和平民对普通家居生活的满足。但维米尔的大师风范，正在于以小见大，将精妙的心机不经意地流露出来，在精细中暗藏着大家之笔的挥洒。

欣赏完维米尔的荷兰小画，让我们再来看看17世纪荷兰另一位声名卓著的画家哈尔斯的经典著作。哈尔斯主要以画肖像为主，很少有人能

《黑夜里的圣主家族》

《书信》

《快乐的酒徒》

这是一幅巨型人物肖像画，如真人般大小。画家运用了快速而细腻的笔触，抓住了人物瞬间的动作和表情，画家的这幅肖像画将酒徒的形象刻画得惟妙惟肖

《夫妻肖像》

像他那样运用洒脱而准确的笔触来塑造形体，使画中人形神兼备，成为有性格的典型人物。他画上层人物，也画下层百姓。他的画中有贵妇、军官，也有流浪汉、酒鬼、农民、渔夫和吉卜赛人。哈尔斯画的人物都是面带笑容的，因而有人称他为“笑的画家”。他画宴席中的军官的笑，饱含对生活的满足和自豪；他画小丑、流浪汉的笑，隐含着一丝悲凉。博物馆展出的《快乐的酒徒》是一幅肖像画，画中人物的双颊因醉酒而变红，眼神闪烁，嘴唇微张，似乎要说话。一只手迅速抬起，另一只手抓着酒杯，似乎对观者的忽然出现感到惊讶。人物栩栩如生，极富感染力。《夫妻肖像》刻画了一对身着盛装的夫妻，坐在室外的树荫下，神情悠闲而满足，笔触生动，色彩明快。

除了风俗画、肖像画，博物馆还展出了许多优美的荷兰17世纪风景画，此外，外国绘画展览中也不乏佳作。在这里就不一一赘述了。毕竟，阿姆斯特丹国立博物馆的收藏是如此丰富，短短的时间哪里能够仔细欣赏完每一件珍品呢？

28

埃及考古博物馆

埃及考古博物馆是闻名世界的大型博物馆之一，藏有埃及考古发现最精华的部分，是世界上规模最大、收藏古埃及文物最丰富的博物馆，珍藏着自古埃及法老时代到5—6世纪罗马统治时代的历史文物共10万多件。博物馆位于埃及首都开罗市中心的解放广场附近，1863年由法国的考古学家马里约特兴建，1902年迁于现址。现在看到的埃及考古博物馆是一幢宏伟的砖红色长方形建筑。

装饰圆盘

维齐尔赫玛卡(Hemaka)生活于约公元前3050年，他的古墓中包含一个镶嵌有象牙的木质箱子，箱子内部有一些打孔的圆盘串在一根木杆上

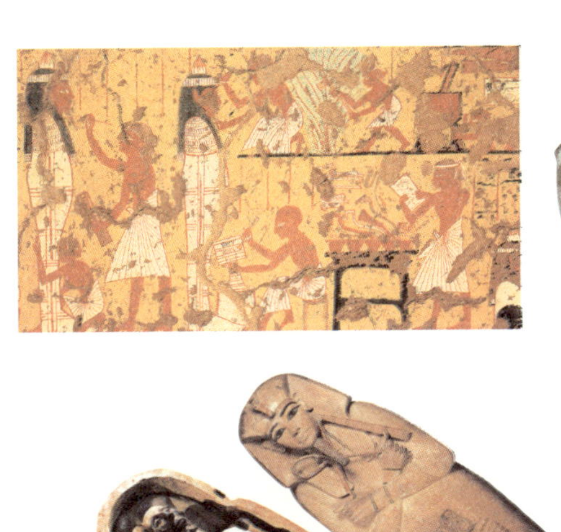

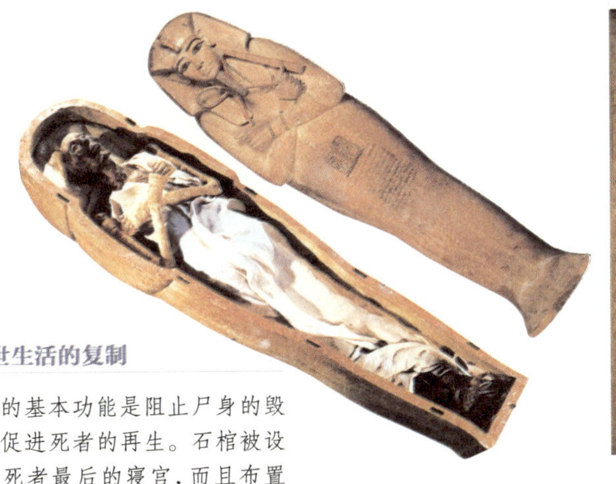

来世生活的复制

石棺的基本功能是阻止尸身的毁坏和促进死者的再生。石棺被设计成死者最后的寝宫，而且布置了未来生活所需的必需品和器具

博物馆的大门是一个圆形拱门，拱门两侧的壁龛中各有一尊法老浮雕，其中一个手持纸莎草，那是古埃及书写的材料，另一个轻拈埃及的“国花”——莲花，纸莎草和莲花分别象征古埃及的南北方，寓意国家的统一。进入门内，只见庭院中散布着众多著名的埃及学者的雕塑、方尖碑、石刻和狮身人面像等室外展品。络绎不绝的游客流连其间，或拍照，或小憩，热闹非凡。

博物馆分为两层：一层，按年代顺序摆放，以顺时针方向依次展示埃及古王国、中王国、新王国等的文物；二层，展品按主题摆放，陈列的是最珍贵的馆藏。展品非常丰富，要想仔细地欣赏完每一件展品，非花上几天几夜不可。单是木乃伊棺椁，就有木制的、石雕的、镶金的，琳琅满目，令人目不暇接。普通游客时间有限，只能走马观花地挑重点看。

木乃伊陈列室里安放着10多具古埃及历代法老及其王后的木乃伊。

展室幽静肃穆，紧裹着亚麻布的木乃伊双手交叉放在胸前，仿佛正在安睡。他们被分别放在恒温、恒湿的玻璃罩里，总体上保存得很好，在神秘幽暗的灯光下，显得面容枯槁，有的肌肉已被风化成薄薄的一层纤维，头发和胡须等都清晰可见。其中一位王后的脸上还涂着彩油，面部生动逼真，色彩鲜艳，经过了数千年仍未褪色。

保存得最好的木乃伊是埃及著名的第十九朝法老拉美西斯二世（约公元前1317年至公元前1251年）的遗体，他身材高而细，双手交叉放在胸前，有种威严的感觉。拉美西斯二世在位67年，活了91岁，他雄才大略，对内大兴土木，对外连年征战，如与小亚细亚的赫梯国就动辄兵戎相见。最后双方认识到武力不能解决问题，遂于公元前1269年签订了和平条约，这是历史上有文字记载的第一个和约。

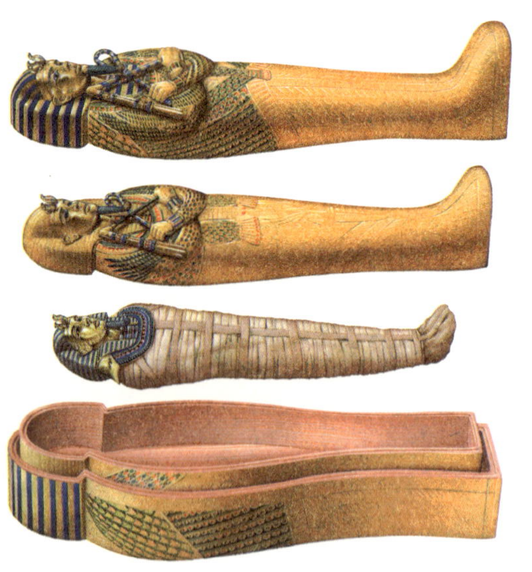

棺材（木乃伊格）

棺材（木乃伊格）的大小形状是按照死者的身体设计的。最宽处是肩膀线，而脚部则比较狭窄，而肩膀上部的部分是圆的，这样才能构成放入头部的空间

《武士拉姆西斯》

意大利埃及古物学家伊波利托·罗塞里尼(Ippolito Rosellini)(1800—1843)在阿布辛贝大神庙中获取了这幅浮雕。浮雕显示了坐在战车中的法老。战车旁边伴有一头被驯服的猎豹

《潘道尔之歌》

这是一幅阿布辛贝神庙中彩色浮雕的复制品。对拉姆西斯二世的赞颂是反映卡叠什战役不同阶段的很多作品的基调

博物馆中最精彩的文物，当然非古埃及第十八王朝图坦卡蒙法老的随葬品莫属，他的展品从第45号陈列室开始，一直延伸到第10号陈列室，几乎占据了整个博物馆二楼展区中一大半的空间。1922年考古学家卡特在经历了无数次无功而返后终于在偶然中发现了图坦卡蒙墓，这次发现被誉为“20世纪最伟大的考古发掘之一”。图坦卡蒙的墓保存完好，未经任何盗掘，出土的文物近2 000件，包括金棺、金樽室、金御座、金面罩、王后金冠等，虽然是卢克索国王谷陵墓群中最小的一座陵墓，但其陪葬品之丰富震惊世界。图坦卡蒙的黄金面罩，是用金板依照国王生前容貌打造，镶满红宝石，额上还塑有象征上下埃及统治者的兀鹰和眼镜蛇，表明了法老的身份。从不同的角度观赏，金面罩还会随着光线的改变而自然地变换出不同的、令人惊艳的美丽光泽。图坦卡蒙金棺用450磅纯金制成，是人类历史上最精致、最伟大的金制品。年轻的图坦卡蒙王在18岁时死去，用三层棺匣来装敛王身。开罗的埃及国家考古博物馆藏有最内层和最外层的棺

匣。金棺精致，彩漆，雕刻细腻，具有极高的美学价值。图坦卡蒙御座也是金碧辉煌，座椅的正面两侧各有一个金制的狮子头，扶手为蛇首鹰身的雕像，分别代表上下埃及的王权。御座的靠背是一幅王室家庭生活的画面：在阳光照耀下，王后含情脉脉地抚摸御座上的国王。二人目光相对，和美温馨。椅背是一块黄金板上镶石加彩，与我国的景泰蓝有异曲同工之妙。

博物馆中不容错过的精彩藏品还有记录公元前31世纪完成古埃及统一大业的“纳尔迈”石板。纳尔迈是埃及统一前上埃及的国王。公元前31

《哈夫拉被鹰神赫鲁斯保护》

发现于吉萨的哈夫拉金字塔下墓葬神殿中的这个雕塑是古埃及艺术中的杰作，描绘的是哈夫拉法老坐在宝座上，赫鲁斯用一对翅膀护住他的头部

人头形的罐子

在第一过渡时期（公元前2181—公元前2055），简单的圆锥形或者微凹形状的塞子被人头形的塞子取代。这个制作于中古时期（公元前2055—公元前1650）带有人头形的绘图石罐子，现被收藏于开罗的埃及博物馆

《斯芬克司》

新王朝时期（公元前1550—公元前1069）的皇家雕塑包括斯芬克司像。这个雕像的面孔是法老王，在他的两条前臂间捧着一个供奉罐子

木乃伊面具

木乃伊面具的各部分是由二次利用的纸莎草制成的——将亚麻涂上灰泥再绘图装饰

《安详的面孔》

哈夫拉法老王的面部雕像是用雪花石膏雕成的，它表现了一个理想的君主面容——平静和自我肯定，永葆青春和强壮，是一个宇宙秩序的捍卫者

世纪年，纳尔迈率军征服下埃及，建立起埃及历史上第一个统一的王朝。而“纳尔迈”石板则将这个古老国王的光辉业绩用浮雕的形式流传给了后人。石板正反面的浮雕分为几个平行的部分，各部分用简洁的手法刻画出不同的景象，宛如一篇篇通俗易懂的历史文献。此外，哈扶拉金字塔中发现的法老哈扶拉坐像、石灰石雕像《书记官》《王子拉霍特普和他的妻子诺夫勒特》雕像等都是举世闻名的古埃及艺术精品。“王子拉霍特普和他的妻子诺夫勒特”雕像组是分别在两块石块上雕成的坐像，但是形神合一。两个坐像均为彩绘，内置的眼睛焕发神采，保存得相当完好。王子拉霍特普光着上身，戴白色项圈，着白色腰裙，上唇有与现代阿拉伯男子类似的短胡须，皮肤黝黑。诺夫勒特神情端庄，黑发及肩，额头上束有白底彩花发带，颈上绘有黑、青、红三色的项链，丰满的身躯在白色衣裙中显得婀娜动人。在头部

两侧有黑色的古埃及象形文字。白的底色上有人、鸟、植物、眼睛、庄稼等图案，显得清晰、简洁、美丽，引起人无限的好奇心。这一组坐像也是古埃及艺术中将男子肌肤颜色与女子显著区分的代表，在艺术史上具有重要的地位。

在博物馆二楼的一个展室中，存放着埃及最古老的纸莎草纸画。这些画有4500年的历史，是用世界上最早的纸张纸莎草纸画成的，是将石粉做成颜料，然后用毛笔画在纸莎草纸上。其中，有埃及最早的象形文字图案、埃及神话传说图案，当然也有表现埃及人日出而作、日落而息、日暮休闲地吹笛跳舞生活的图案。这些图案画面清晰，色泽艳丽，让人爱不释手。在一楼至二楼的走廊上，还有十几幅四千多年前的纸莎草纸长书卷，上面写有帮助法老灵魂通过末世审判的亡灵书，画面上还描绘了天堂里庄稼满地、美食众多的景象。卷中的字体颇有象形文字放浪形骸之神韵，给人一种古朴清新的感觉。

在埃及考古博物馆中参观，是一生中不可多得的经历，从古王国到中王国、新王国，再到托勒密、罗马帝国时期，漫步在这里，就仿佛在古埃及的历史长河中徜徉。

从胳膊抱紧头的姿势，可以看出这是“卡”，而不是国王自身的形象。“卡”的字形和发音来源于象形文字中高举的双臂

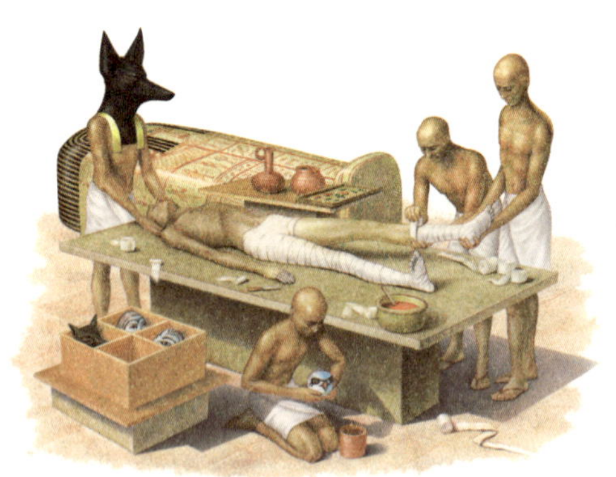

阿努比斯——防腐人

祭司中有一位会佩戴犬形面具来代表阿努比斯神——木乃伊的守护人以及防腐者

29

印度新德里国立博物馆

新德里国立博物馆是一座现代化的博物馆，它于1949年8月成立，1960年12月建成新馆，位于贯穿新德里的王家大道中央南侧。虽然建馆时间很短，但经过工作人员和国家机构的共同努力，其藏品不断丰富，很多稀世杰作珍藏其中，成为世界著名博物馆之一。全馆分史前时代考古学、雕刻艺术及古钱币学、抄本、碑铭学、细密画学、武器、装饰艺术、人类学、前哥伦比亚艺术、西洋艺术与中亚艺术共10个部门。馆藏印度河文明遗存、宗教文物、民族服饰、民族器物，以及古钱币等文物共20余万件，

《佛发供养图》

《帕尔娃娣画像》

佛头

毗湿奴

还有中国、尼泊尔等其他亚洲国家的物品。

新德里国立博物馆是一座三层楼建筑，雄伟挺拔，这是一个平面为八角形的环状大楼，红砂岩的外部装饰，显得十分朴实沉稳，令人想起马图拉雕刻的石材，一股岁月的悠久感扑面而来。走近博物馆，迎面可见10世纪的湿婆神像以及佛教的菩萨石雕像就摆放在大楼外面的庭园中，进到大厅里也会看到大厅中央是一个庄严的毗湿奴神像雕刻，仿佛是博物馆的一个保护神。在过道两边排放着著名的笈多时代双飞天雕刻以及可能是来自埃罗拉石窟的雕刻天人像，还有7世纪的沉思的妇女像等一些名作。

新德里国立博物馆一楼有参考图书馆和讲堂等文化教育设施。一楼的展厅按时代顺序展示着印度最古老文明的各种文物，从50万年以前的原始社会直到印度河文明的产生、巽伽文化、佛教文化、印度教文化等，各种大大小小石器、雕像、工艺品、装饰物等各种文物令人目不暇接；二楼是一些富有研究参考价值的专题陈列室，如钱币、文书等，还包括斯坦因的中亚收集品；三楼主要是一些专题陈列，包括古代印度的民族服饰、染

持拂药叉女

（巴特那博物馆）

舞女

织、乐器、木雕及各种工艺品等。

新德里国立博物馆二楼的中亚展室，主要展出英国考古学家斯坦因在中亚的收集品。斯坦因在20世纪初曾3次在中亚和中国西部地区进行探险活动，得到了英国政府和印度政府两方面提供的经费，所以，考古发掘所得就按比例一部分放在英国，一部分放在印度。在他第三次考古返回印度时，一部分收集品就直接放在印度考古局了，第二次考古的发掘物在伦敦展出后，又分出一部分送到印度。存放于印度的这部分斯坦因的考古收集品最初收藏于1929在新德里成立的中亚考古博物馆，后来于1949年并入新德里国立博物馆。

新德里国立博物馆中藏有较多的中国敦煌文物，如《佛陀与比丘》《扛抬大花轿的童子》等壁画。这些壁画有相当高的考古价值，从壁画图像来看，里面有印度艺术的影响，有中国思想的融会，也有某些希腊艺术风格的特征。这些壁画充分表明了当时中西文化的交流十分发达，是中西文化交流的结晶。在博物馆中，还有出土于吐鲁番的精美绢画和帛画，这些画的大多数内容是描写中国远古神话和信仰，最有名的两幅为《伏羲与女娲》《死后的飨宴》。《伏羲与女娲》描绘传说中的中国的祖先，在这幅绢画中，伏羲和女娲下半身被描写为蛇身，两人的下半身紧密地缠绕在一起，似在象征生育万物大地；上半身描绘成典型的中国传统形象，两人双臂合一，伏羲左手扬起曲尺，女娲右臂举起圆规，周围有日月星辰环绕，这象征他们创造养育万物，并掌握着人们生活的秩序和途径。《死后的飨宴》主要描写死者来世生活的理想场景，体现了古代的灵魂不死、轮回转世的思想。

新德里国立博物馆中还储藏有大量中唐到五代、宋初的绘画作品，内容涉及佛陀像、佛传以及诸天部立像。如《菩萨立像》，作品线条流畅、清晰，色彩鲜明，菩萨面容秀丽、慈祥、典雅，头上有象征法力的光环，衣着华丽，衣衫流畅飘逸，如行云流水，超脱尘世。《药师净土图》则充分发挥想象力，

《跳舞的飞天》

立佛

以亭台楼阁的装饰表现出宏阔的仙境气势。还有几幅佛传图也相当有艺术性，除描绘佛陀自诞生到涅槃的经过外，更主要的是艺术风格鲜明，每幅画中都配以仙境般的山水景物，情景交融，颇具宋代山水画的意境。这些绘画作品无论对研究中国佛教艺术，还是研究中国绘画都有极为重要的意义。

此外，在中亚出土的小型泥塑佛像与飞天等形象也是令人兴味盎然的，如手持彩带的飞天、跪姿的供养人像，以及一只老猴抱着小猴的泥塑，都颇为生动。还有一些出自吐鲁番颇具特色的纺织品，如有波斯风格的联珠纹和对凤、对马纹的织锦，有天鹅形象与汉字相间图案的织锦等。另外，一些古代少数民族文字的木简，也是十分重要的文物。

新德里国立博物馆向世界人民展示了亚洲文明古国的历史、文化与传统。在这里，我们可以了解早期印度文明的兴衰交替，可以感受到佛教的巨大内涵以及印度教的持久生命力，同时，还可以了解植根于古老文明沃土之上的当今印度的发展。

玩耍的少女

树神药叉女

30

匈牙利国家博物馆

匈牙利国家博物馆位于匈牙利首都布达佩斯市中心，是匈牙利最早建立的、藏品最丰富的博物馆，同时还领导着4个地方博物馆：维谢格拉德马加什国王博物馆、拉科齐城堡博物馆、科苏特·拉约什故居和韦莱什露天博物馆。博物馆始建于1802年，是在赛切尼·费伦茨伯爵私人收藏的图书和文物的基础上建立的。旧馆设在布达佩斯的一座寺院里，1847年7月迁到现址对外开放。现在看到的匈牙利国家博物馆是一座颇具古

柯克西卡的《圣女维洛尼卡》

1911年。维洛尼卡是传说中呈献亚麻布给被押赴刑场的耶稣擦汗的圣女

典风格的建筑物，堪称布达佩斯市最美丽壮观的建筑物之一。这里还是一个历史名地，1848年3月15日，匈牙利著名的革命诗人裴多菲就是站在这个博物馆门前的台阶上向聚集在广场的青年朗诵了《站起来，匈牙利人》的不朽诗篇，以诗歌为号角，发动和领导了布达佩斯的爱国武装起义。

匈牙利国家博物馆有两个基本陈列：一是从旧石器时代直到896年匈牙利人定居为止的考古展览；二是从896年到19世纪中叶为止的匈牙利历史展览。

博物馆分设考古部、中世纪史部、近代史部、钱币和勋章收藏室、历史美术馆、文献室和考古学图书馆7个部门。其中考古部专门收藏从旧石器时代到9世纪末在匈牙利国内出土的文物，按旧石器时代、古代、古罗马时代和人口大迁移时代划分，共有藏品57万件；中世纪史部专门收藏10—16世纪末的历史文物，藏品6.8万余件，其中有开国国王伊斯特万

《黑猪》

丁托列托的《把法奴从翁帕列床上逐出的海克力斯》

约完成于1585年。画面上斜躺在床上、头上有角者即牧神法奴（希腊神画中的潘恩）

《盛水的少女》

《橄榄园中的祈祷》

《落满尘埃的道路》

（即斯蒂芬，1000—1038）的王冠，是匈牙利的国宝；近代史部专门收藏18世纪以来的历史文物，有藏品4.6万余件；钱币和勋章室藏有古希腊、古罗马及匈牙利各朝代的钱币和勋章等28.9万余枚；历史美术馆藏有匈牙利历史人物的肖像、小型雕刻，描写城市和历史事件的油画、版画、素描及照片；文献室存有在全国各地出土文物的详细资料，博物馆珍品的幻灯片和照片等7.9万余件；考古学图书馆主要收藏考古学、古钱币学和一些重要的历史书刊，共10.1万余册。

匈牙利国家博物馆中最引人注目的馆藏是匈牙利的传国之宝——伊斯特凡王冠。伊斯特凡是匈牙利的开国之君。虽然史料至今无法确认伊斯特凡是否戴过这个王冠，但可以肯定的是，伊斯特凡王冠的历史至少可追溯至13世纪初，是世界上最古老的王冠之一，因此成为匈牙利王国的象征。金碧辉煌的伊斯特凡王冠，最大的特色是冠顶上微倾的十字架。伊斯特凡王冠背后也有一段故事。1945年时，匈牙利法西斯党徒挟带王冠至奥地利，最后又落入美国人之手，一直到1978年才在盛大欢迎庆祝仪式中重返国门，结束这段国宝绑架史。此外，博物馆还展出了其他国王的王冠、王室宝剑、权杖等。包括王冠在内的这些珍贵的匈牙利宝物，都特别收藏在光线微暗的展室中。

31

天然的历史博物馆
——古城庞贝

这是世上最悲惨的地下遗址博物馆，是自然灾害留下的天然的历史博物馆。这个曾经繁荣一时的古老城市在1900多年前毁于一旦，而在沉睡了1600多年之后，又意外地重见天日。昔日灿烂的庞贝会讲述许多生动而耐人寻味的故事，留给我们更多的是思考。

拿皮囊的涉提罗斯神雕像

出土于百年祭宅邸

墨丘利神小雕像

出土于马林门，在女性罹难者处

钱箱

出土于鲁墓乌斯·克拉希乌斯·特鲁提乌斯庄园，为公元1世纪制造

双耳银杯

年轻女主人处出土，1世纪前半叶

建于公元前6世纪的庞贝城，位于意大利首都罗马东南240千米的那不勒斯海湾，离维苏威火山南麓不到2 000米。公元79年8月24日，维苏威火山突然喷发大量岩浆，先是直冲云霄，高达数千米，然后向四周冲泻，燃烧着火的碎石像冰雹一样从天上猛砸下来。亿万千克的火山石、火山灰撒向火山周围的整个地区。古城庞贝顷刻之间遭受灭顶之灾，整座古城连人带房舍被埋进了6米多厚的炙热的火山灰、石之下。岩浆渐渐冷却以后，在地面上凝结了厚厚的一层硬壳，后来又在上面积起了2米厚的沙土，繁荣一时的庞贝城就这样从地面上消失了。直到1748年，当地的农民在耕作时偶然发现了一些古代的石像、石碑类的物品，才引起人们的注意。考古工作者断断续续进行了近200年的发掘整理，这座沉睡了一千多年的古城终于重见天日。这座古代城池是有极高价值的遗迹，是一座非常特殊的博物馆，从这里，人们可以真切地看到古罗马时代的城市生活场景。

庞贝城占地约63公顷，建筑在椭圆形台地上，四周环绕着4800多米长的城墙，共有8座城门，城内纵横各有两条大街呈“井”字形相交，把全城分为9个城区，每个城区都有许多大街小巷纵横相连。大街两旁均有稍高一些的人行道，街面宽达10米，铺着整块的大石板。主要大街的路面上还有清晰可辨的马车辙印、街道两旁的建筑物还残留着断垣残壁，一些门窗及室内的一些家具、用具、器皿等也完好无损。街道的十字路口，有雕花石块砌成的水池，里面盛着清凉的泉水。泉水从城外山上通过高架渡槽引入城内水塔，分别流向各公用水池和富豪庭园的喷泉池。大街两边的是商店、酒馆、水果铺和杂货摊。一家商店墙上写着出售卫生用具和好酒的广告；另一家商店墙上还保留着当年的横幅标语：水果商贩支持普里斯库担任高级行政官。城内最宏伟的建筑物，集中在城西南的一个长方形广场四周，这里是庞贝政治、经济和宗教中心。残存的雕花精致的大理石门框、祭坛和高出地面三四尺的青石地基，让人可以想象出这座庙宇当年的雄伟壮丽。

西墙壁画

项链

琥珀、红玛瑙、翡翠、石墨、玻璃、贝壳等，出土于罹难者三处

《赫拉像》

出土于帕比里庄园建筑中，为1世纪中期雕塑

庞贝古城

酒馆墙面的壁画

在萨尔维乌斯酒馆的建筑废墟中出土

庞贝城拥有良好的供水系统。泉水从城外山上通过高架渡槽引入城中水塔，通过铅制供水管再分流到城中各处。在十字路口一般设有带雕像的石头水槽，高近1米，长约2米，供市民饮用。城内有三座公共浴室，每座用一个锅炉统一烧水，将热水、温水分导到男女浴室。公共浴室设施齐全，冷热浴、蒸汽浴俱全，还有化妆室、按摩室，装饰华丽，与现代公共浴室几乎没有多大差别。

城东南有一个圆形露天剧场，可容纳观众5 000人，约建成于公元前70年，比罗马的圆形大剧场还要早40年。剧场四周是环形观众席，中心低处为舞台，同时兼作角斗场。剧场附近还有一座体育场，近乎正方形，各边长约130米。体育场三边围以圆柱长廊，黄柱红瓦，醒目亮丽，场中央是一口游泳池，庞贝城居民经常在这里举行体育赛事。

庞贝城除了富丽堂皇的公共建筑，还有许多装饰华美的私人宅邸。这些住宅里有粗大的大理石圆柱、精雕细刻的门楼，厅堂、餐厅、卧室的墙上都有精美的壁画，地面上有镶嵌图案，花园里有大理石雕刻的天使和人像及禽兽、石盆、石瓶等。此外，还发掘出有大量劳动工具、武器、钱币、衣服之类的生活用品以及手镯、耳环、宝石等装饰品，有高利贷者的债本、借贷者的借据，商人的账本和政府的布告。

最引人注目的是那些虽然历经千年却依然色彩鲜艳的壁画。庞贝城的壁画绘制方法独特，内容丰富，生动地反映了古罗马人精神生活的一个侧面。1831年，庞贝城出土了著名的镶拼画《伊索斯之战》。这幅画高2.3米，宽4.5米，表现出很强的立体感，明暗层次分明。整幅画约用了150万块嵌片，嵌片之间镶接得天衣无缝。虽然所用嵌片的颜色只有白、黄、红、黑4种，但画面却给人以丰富的色彩感受。画面的内容是公元前333年马其顿国王亚历山大击溃波斯国王大流士三世的战争场面。画家用一棵枯

罹难者遗骸模型

树来表示战争所发生的环境，其余集中描绘两军对阵形势。波斯军队占了画面的绝大部分，坐在马车上的大流士三世位置很突出，大流士表情惊恐，正高举右手下令撤退。亚历山大画在左侧，并不占突出地位，但却给人一种锐不可当之势。整个画中最为传神的是替大流士三世驾马车的车夫，他右手高举马鞭使劲抽打马匹，左手拽紧缰绳，企图掉转车头后撤，整个画面弥漫着强烈的战争气氛。在考古学家们从庞贝城清理出的壁画中，以神话和传说为题材的创作占很大数量，其中《伊菲革涅亚的献祭》最为杰出。这幅画取材于希腊传说，伊菲革涅亚是迈锡尼国王阿伽门农的女儿，阿伽门农为了使船队顺利出征特洛伊，决定用女儿的生命去换取阿尔特弥斯女神的宽恕。画面选取了献祭前一刹那的情景，伊菲革涅亚被两个强壮的男子紧紧抱住，身旁站着手执匕首的祭司。神台旁阿伽门农正低头捂脸，对女儿的哀求似有不忍。画的上方是阿尔特弥斯女神及宁芙女神和赤鹿。壁画对人物的内心刻画得很传神，尤其是对阿伽门农的心理刻画，可谓入木三分。

庞贝古城里最让人震惊的是那些受难者的石膏像。火山突然爆发时，城市内大约有2万人，其中约有2 000人未能逃脱，与城池同归于尽。火山岩浆倾泻而下，一瞬间把人、畜包裹在岩浆内，随后岩浆冷却凝固，历经千百年，肉体腐烂，在岩石内部留下了人、畜形空壳。考古学家就用这些空壳做模子，把石膏浆灌进去，制成许多和真人一样形状的石膏像，再现了受难者当时那种绝望和痛苦的表情。如小女孩紧紧抱住母亲的膝盖，

常青藤叶项链

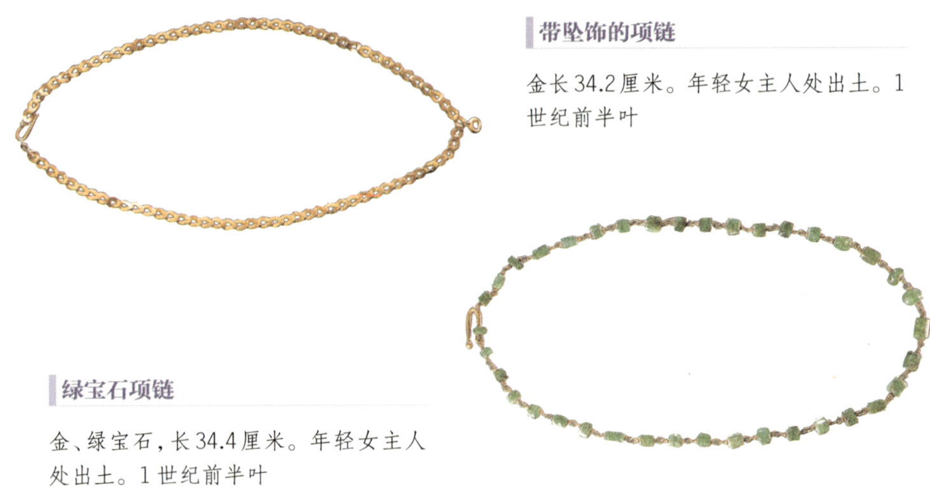

带坠饰的项链

金长34.2厘米。年轻女主人处出土。1世纪前半叶

绿宝石项链

金、绿宝石，长34.4厘米。年轻女主人处出土。1世纪前半叶

掩面大哭；拿着一袋硬币的乞丐茫然站在街口；有些人正在墙脚挖洞，寻找逃生之路；一条家犬力图挣脱紧锁的铁链；还有一群被铁链锁住的角斗士痛苦地挣扎着，想要摆脱铁链。很多人双手掩面或弯着双臂抱着脑袋；也有的人手里还拿着一袋袋金币、银币和贵重首饰。但是，在灾难面前，财宝并没有给他们带来好运，这些有钱人也同奴隶一起同归于尽了……这些石膏像就放置在当年他们倒下的地方，向人们真实地展现出那灾难性的一刻。

今天，庞贝古城已被联合国教科文组织列为世界文化和自然遗产，人们把这里称为“天然的历史博物馆”。每天都有数以万计来自世界各地的游客来这里参观，穿梭在古城废墟的大街小巷，进出于半毁的民宅、别墅、贸易市场、商铺、面包房、温泉澡堂、仓库以及剧场、斗兽场、运动场，心潮起伏的同时，每个人都应该思考：悲剧还会重演吗；与大自然抗衡，人的力量显得多么渺小！

32

柏林世界民族博物馆

柏林世界民族博物馆创建于1873年，设非洲、大洋洲、美洲考古、美洲土著、南亚、东亚、西亚、欧洲和民族音乐9个部门。博物馆的前身是王侯贵族的藏宝之所，到腓特烈二世时，藏品不断丰富，于是设馆储藏并展示。第二次世界大战期间，博物馆遭到了极大破坏。1966—1970年新建了达1万平方米的新馆。新馆位于风景如画的柏林郊区，吸引着诸多游客和学者。

柏林世界民族博物馆不仅拥有完善的文物收藏、社会教育和公共展览，还是一个研究世界民族学的学术性中心。它的一切活动和研究内容，

一个团体的典礼仪式模型

出自纳亚里特，墨西哥

《戴项链的妇女》

高66厘米（科特迪瓦）

《戴项链的少女》

高58厘米（莫桑比克）

《沉思》

（塞内加尔）

《女胸像》

高32厘米（加纳）

都是针对世界范围的，对所有民族进行调查和研究。它的展览不仅涉及世界民族的衣食住行、社会结构、宗教、语言文字、工艺美术、科技发展等各个方面，还包括民族历史、世界观、心理学等，资料之多，品种之丰，质量之高，时空之广，为世界民族学博物馆所罕见。民族音乐厅展出数以千计的世界各民族的乐器，其中有玻利维亚的排箫、阿斯德加的木鼓、马贵斯群岛成年礼中使用的海螺号角、喀麦隆刻有浮雕的酋长鼓、西非的响葫芦和吉他“科隆”、木琴“巴拉封”。大洋洲厅主要介绍大洋洲诸岛屿的风俗与历史。大洋洲主要由澳洲及美拉尼西亚、密克罗尼西亚和波利尼西亚

《顶罐女子》

105×80厘米，克什巴（刚果）

《坐着吸烟的国王》

（科特迪瓦）

《贝宁王全身像》

高44厘米（尼日利亚）

三大群岛组成，位于太平洋之中。这些太平洋的居民是大海的主人，善于航海。独木船是这些土著居民的主要交通工具，有各种各样的独木舟，大的可以乘坐50人，小的只能容纳一个人划船。大洋洲展厅展出了9艘独木船，其中有的船长达20米，桅高7米，可搭乘50人。这些独木舟不但有实用价值，而且是一件件艺术品，独木舟的船头雕刻及其精细的制作技巧令人叹为观止。更能代表土著居民智慧的是，他们在长期的航海过程中，积累了丰富的经验，用椰子的叶梗组合，再附以贝壳，创造了独特的“编织航海图”。

南亚厅主要展示南亚的传统技艺，这里的南亚包括现在概念上的南亚印度及东南亚。南亚厅的精彩展品包括具有浓郁亚洲土著文化特色的面具和神像以及皮影傀儡、木雕、金属制品和陶制品。至今仍盛行于爪哇的皮影戏讲述的故事大多取自印度的两大史诗《摩诃婆罗多》和《罗摩衍

木制面具

昌凯文化，大规模群葬墓地是前安第斯山中部地区（秘鲁）发达文化的特点。尸体包上饰有用布包扎的假头，头上罩以木制面具，同时墓内还有陪葬品

《山上圣母》

欧洲艺术与西班牙入侵前的美洲印第安文化观念的共生现象，出色地表现在混合的巴洛克风格中；油画《山上圣母》将马德山与圣母玛利亚联系在一起表现出深长的含义

波托西画派（玻利维亚）油画，18世纪

陈列在墨西哥国家美术宫的画家迭戈·里维拉的画，展现了特诺奇蒂特蓝城当年可能有的风貌，今日墨西哥城就建在此城的遗址之上，其遗迹正在不断修复

有殡葬面具的狗的形象是殡葬仪式的用品

科利马，墨西哥（150—600）

纪念性铜像

尼日利亚（15—16世纪）

那》。置身于博物馆中形形色色的“傀儡”展示窗前，你会被那神奇的色彩和动人的故事所深深吸引。

美洲土著厅主要展示美洲土著文化及部分欧洲土著文化。自从哥伦布发现新大陆以来，美洲的文明逐渐被世人所知，它的文明的悠久与灿烂吸引着众多的人去研究它、发掘它。柏林世界民族博物馆展示了许多美洲土著的文明遗物，以有第一流的物品而骄傲。在博物馆中，陈列着大量美洲的造型艺术，有以科兹马尔瓦巴石雕群为主的大型石刻艺术品、陶器造型、黄金造型、编织造型等，反映了美洲印第安人丰富多彩的生活。

其中最珍贵的要数陈列于中美洲室的“科兹马尔瓦巴的石碑”，它代表了一种中美洲文化——“科兹马尔瓦巴文化”。从石碑雕刻上，我们可以了解当时重大的社会习俗和宗教仪式，以及这种文化的前因后果。此外，本室中还陈列有一些欧洲土著的精致物品，有造型别致的陶器，有形式多样的装饰品以及部分捷克礼服。

非洲厅主要介绍非洲大陆黑人的文化源流及珍贵遗物。非洲是一个

面具

高36厘米［刚果(金)］

非洲面具

62厘米×51厘米　恩杜瓦
［刚果(金)］

神奇而又充满魅力的大陆，作为一个古老的大陆文明在世界文明史上占有重要地位。在这里发现了最古老的人类化石和遗物，因此，许多人认为，非洲是人类文明的发源地之一。非洲厅展出有赤土陶偶和贝南的雕像。

一般认为，西非附近的诺克文化是非洲最古老的文化，诺克文化以小型赤土陶器为主。诺克文化的发现在20世纪中叶。1931年，人们为挖掘乔斯附近的锡矿，在小村诺克发现了两个赤土陶偶头部，之后又在附近地区发掘了不少类似的陶器。这些陶器制作精巧，抽象技术极为高超。诺克文化大致繁荣于公元前900—公元前200年。以后出现的贝南文化和伊飞文化都与诺克文化有相似之处，但这两种文化不再以陶器为主，而是以青铜制雕像为其特征，其中主要以国王、王后头像为主。这些青铜雕像并不是写实地表现人体，而是进行高度抽象，表现一种独特的造型，以适应他们的风俗习惯和宗教心理。

另外，非洲厅展出的凳子，造型的花样之多、装饰之繁复令人惊讶，这在其他任何民族中是很少见的。这些凳子有的表现为两个人双手高抚凳面，有的表现为人站立凳面之侧以充当靠背之用，有的表现为动物形状，如蟑螂等，形成一件件造型与实用性相结合的艺术品。这一方面表现了当时社会的阶级状况。另一方面，凳子造型装饰的发展也反映了黑人文化发展的过程。